Caroline Isabelle Merlo-Hüsler

Das Leben ist nicht der Himmel

Ein Erfahrungsbericht

über Tot- und Fehlgeburt

Vom Glauben, Vergeben, Loslassen, Vertrauen
und heilsamen Trauern.

Impressum

Bibliografische Information der Deutschen Nationalbibliothek: Die deutsche Nationalbibliothek verzeichnet diese Publikation in der deutschen Nationalbibliografie; detaillierte Bibliografische Daten sind im Internet über dnb.dnb.de abrufbar.

Die automatisierte Analyse des Werkes, um daraus Informationen insbesondere über Muster, Trends und Korrelationen gemäß §44b UrhG („Text und Data Mining") zu gewinnen, ist untersagt.

© 2024 Caroline Isabelle Merlo-Hüsler

Verlag: BoD · Books on Demand GmbH,
In de Tarpen 42, 22848 Norderstedt

Druck: Libri Plureos GmbH, Friedensallee 273, 22763 Hamburg

ISBN: 978-3-7597-8711-8

I Widmung

Dieses Buch widme ich unserer ersten Tochter, Gianna Maria. Unserer ersten Tochter, uns geschenkt, geliebt, gespürt im Bauch, zurück zum Vater im Himmel gegangen und still geboren. Und dir, Agniello, unserem Kind, das uns früh fehlgeboren worden ist - ihr dürft jetzt im Himmel sein!
Ihr habt uns geprägt und uns geholfen, in der wahren Liebe zu wachsen - DANKE!

Mama

Ich hoffe, dieses Buch kann allen Eltern, welche ein Kind verloren haben, eine Hilfe sein. So widme ich das Geschriebene auch allen Eltern von Sternenkindern.

1

II Danksagung

Es erfüllt mich mit grosser Dankbarkeit, dass dieses Buch entstehen konnte und es ist für mich nicht selbstverständlich, dass ich von so vielen Unterstützung erhielt:

Danke Claudio für dein Ja zu unserem Ehebund in den guten und schwierigen Zeiten. Danke für deine Ermutigungen und Gedanken, die dieses Buch mitbereichert haben. Es ist wundervoll, mit dir auf dem Weg zu sein!

Ein sehr grosses Dankeschön geht auch an die nachfolgenden Personen, die das Buch gegengelesen und durch die verschiedensten Rückmeldungen verbessert haben: Claudio Merlo, Laura Jacober, Diakon Urban Camenzind, Don Philipp Isenegger und Simon Huwiler.

Danke an Beatrice Jurt, du hast während eines Telefongesprächs in einer Aussage spontan den Titel für das Buch geliefert.

Danke auch an Marisa Widmer, dass ich die privat gemachten Bilder aus unserem Trauerkurs veröffentlichen darf.

Vielen herzlichen Dank allen Freunden und auch noch Unbekannten von nah und fern, welche uns damals und auch jetzt bei der vierten Schwangerschaft und Geburt im Gebet mitgetragen haben!

Danke Gott, Du der uns immer wieder nachläufst und uns auf den richtigen Weg führst. Du hast mir die Gaben und Gedanken geschenkt, um dieses Buch schreiben zu können.

III Vorwort

Wer ein Buch schreibt, schreibt immer aus einer ganz individuellen Prägung heraus. Wir sind geprägt von Menschen und Erfahrungen aus der Kindheit, Freizeit, Schule, Ausbildung, Studium und Beruf. So entsteht die individuelle Weltanschauung. So auch bei mir. Um meine Gedankengänge besser zu verstehen, muss dieses Buch mit einem Teil des Wissens um meine Prägung gelesen werden. Ich bin neben Kindheit und Schule stark beeinflusst durch meinen Glaubensweg wie auch durch meine Ausbildung zur Pflegefachfrau. Mein Mann Claudio wiederum ist neben der Kindheit und Schule stark durch seine Aus- und Weiterbildungen als Elektriker bis hin zum IT-Applikations-Manager geprägt worden. Auch er lebt den Glauben.

Meinem Glaubensweg habe ich deshalb ein eigenes, erstes Kapitel gewidmet, denn: Mein Weg mit Gott bestimmt mit, wie ich die letzten viereinhalb Jahre erlebt habe. Wenn ich diese Zeilen meines Glaubensweges selbst durchlese, so erinnert es mich immer wieder an all die guten Dinge und Erlebnisse, die ich mit und durch Gott erlebt hatte.

Diese Erinnerungen machen mich sehr dankbar und froh.

Ab dem zweiten Kapitel beschreibe ich die Zeit rund um die Schwangerschaft und Totgeburt von Gianna. Ich gehe dann auch auf weitere Themen ein, wie zum Beispiel auf das Trauern und unsere weiteren Kinder.

Kapitelverzeichnis

Einleitung – warum habe ich dieses Buch geschrieben?

Die Idee, meine Gedanken rund um die stille Geburt unserer Tochter Gianna Maria in einem Buch niederzuschreiben, entstand nach und nach.

Zum einen hatte ich einmal ein intensives Gespräch kurz vor dem zu Bett gehen mit meinem Mann. Ich konnte nicht einschlafen. Erst als ich mich entschied, meine Gedanken zu ordnen und aufzuschreiben, fand ich Schlaf. Meine Gedanken auf Papier zu bringen, half mir zu trauern und die Trauer zu verarbeiten.

Zum anderen hatte ich im ersten Jahr nach ihrer Geburt bemerkt, dass Fehl- und Totgeburten noch immer Tabuthemen sind. Es wird in der Öffentlichkeit kaum darüber gesprochen.

Von einer Fehlgeburt oder einem Abort, sprechen wir, wenn das Kind stirbt, bevor es lebensfähig ist. Das passiert meistens in den ersten 12 Schwangerschaftswochen. Ich vermute, dass bei einer Fehlgeburt nicht darüber gesprochen wird, weil das Kind in diesem frühen Stadium noch zu klein ist, als dass bei der Mutter ein Babybauch erkennbar wäre. Die

Meinungen in unserer Gesellschaft gehen auch auseinander, ob in diesem Stadium schon von einem Kind gesprochen werden kann. Auch wir mussten uns die Frage stellen: Ab wann beginnt das Leben? Im fünften Monat erhielten wir für unser ungeborenes Kind eine schwere Diagnose und wir wurden gefragt, ob wir die Schwangerschaft fortführen wollten. Für uns war klar, dass unsere Tochter vom Moment der Verschmelzung von Ei- und Samenzelle an, ein Mensch mit Würde ist. Unabhängig davon, aus wie vielen Zellen sie damals bestand, wie viele Tage sie schon zum Wachsen Zeit hatte oder wie ihr Entwicklungsstadium medizinisch korrekt bezeichnet wird. So ist für uns die Empfängnis eines Kindes bereits ein überaus grosses, unantastbares Wunder und Geschenk Gottes.

Erst als ich die Totgeburt unserer ersten Tochter erlebte und mit Menschen darüber sprach, wurde mir bewusst, wie oft Eltern Kinder verlieren. Erst dann kamen Bekannte zu mir oder schrieben in einem Brief, dass sie ebenfalls eine Fehlgeburt erlitten hatten. Auf der Internetseite des schweizerischen Bundesamts für Statistik wird jährlich die Säuglingssterblichkeit und Totgeburtenrate publiziert. 2020 gab es in der ganzen Schweiz 319 Totgeburten (ab der 22. Schwangerschaftswoche), dies entspricht 3,7 Totgeburten pro 1000 Geburten. Im Vergleich dazu wurden 2021 insgesamt 395 Kinder und 2022 359 Kinder tot geboren.

Säuglingssterblichkeit und Totgeburten in der Schweiz				
	2019	2020	2021	2022
Todesfälle von Kindern im ersten Lebensjahr	283	213	280	311
Säuglingssterblichkeit (pro 1000 Lebendgeburten)	3.3	3.6	3,1	3,8
Totgeburten	344	319	395	359
Totgeburtenrate (pro 1000 Geburten)	4.0	3,7	4,4	4,3

Quelle: © bfs.ch

Auf den ersten Blick scheinen wenige Kinder kurz vor der Geburt oder im ersten Lebensjahr zu sterben. Nicht in der Statistik erfasst sind jene Kinder, welche im frühen Stadium der Schwangerschaft fehlgeboren werden. Aber hinter jedem dieser toten Kinder steht eine trauernde Familie. Der Tod von Kindern, insbesondere Totgeburten, scheint mir ein Tabuthema zu sein. Ein Tabuthema, weil viele Menschen nicht wissen, wie sie mit Betroffenen umgehen sollen. Vielleicht auch ein Tabuthema, weil wir heute mit unserer westlichen, fortgeschrittenen Medizin den Glauben haben, dass doch alles irgendwie machbar sei.

Eine Totgeburt ist für das Umfeld schwierig, Niemand – ausser der Mutter und vielleicht noch der Vater – hat das Kind je gekannt oder erlebt. Für mich war es auch schwierig, dass mich gewisse Leute während der Schwangerschaft nie sahen und/oder gar nicht wussten, dass wir ein Kind erwartet hatten. Wenn ich solche Bekannte danach traf und diese beiläufig nach dem Wohlbefinden fragten, wendete sich das zuvor frohe Gespräch einem traurigen, schnellen Ende zu. Mit diesem Buch möchte ich Menschen helfen, auf betroffene Eltern besser eingehen und sie in ihrer Trauer verstehen zu können. Ich bin überzeugt: Das Leben eines jeden Menschen ist ein riesiges Geschenk, egal wie, wie lange und wo der Mensch lebte!

Knapp ein Jahr nach der Totgeburt unserer Gianna hatte ich im Februar 2021 eine Weiterbildung zu „Palliative Care" begonnen. Bei „Palliativ Care" geht es um die ganzheitliche Pflege, Betreuung und Begleitung von Menschen, welche aus medizinischer Sicht nicht mehr geheilt werden können und an ihrem Leiden sterben werden. In dieser Weiterbildung sollten wir ein Buch lesen und darüber eine Rezension schreiben. Ich entschied mich für das Buch „dem Sterben Leben geben" der Autorin Monika Müller. Es war so alltagsnah geschrieben und mit Anekdoten, Gedanken und Erfahrungen untermalt, die mich oft zum Schmunzeln brachten. Ich empfand es als ein heiteres Buch über das Sterben. Und genau diese frohe Schreibart motivierte mich, auch meine Gedanken und Erfahrungen während der Zeit vor und nach der Geburt unserer Tochter niederzuschreiben. Somit war dieses Buch für mich auch eine Unterstützung im Trauerprozess. Über die Totgeburt Giannas zu Schreiben half mir loszulassen, zu reflektieren und vor allem auch wieder Freude zuzulassen und leben. Dabei wollte ich meinen Weg aufschreiben, mit den Gedanken, die ich hatte und den positiven und heilsamen Momenten, die auch mich aus der Trauer wieder in die Freude führten. Es ist für mich eine grosse Ehre, dass dann auch mein Mann seine Sichtweise und Erlebnisse niederschrieb. Das Buch ist durch seine Ergänzungen vollständig geworden. Es zeigt auch die männliche Seite, die Vaterseite auf, die sich im Trauern, Verarbeiten und Annehmen der Totgeburt unserer Tochter von meiner Seite unterscheidet. *Alle Textstellen in grau und kursiv stammen von meinem Mann Claudio.*

1. Prägungen –
wie ich zum Glauben fand

Der Fahrradunfall

Ich wuchs mit meiner Schwester bei meinen Eltern in einem Dorf in der Schweiz an der Bergkette des Juranordfuss auf. In meiner Kindheit war unser Dorf noch übersichtlich, es gab schöne Quartiere mit vielen Grünflächen, wo sich Fuchs und Hase gute Nacht sagten. Es gab in nächster Nähe zu meinem Elternhaus auch eine Wiese, auf der wir früher Vögel beobachteten oder im Winter jeweils Schlitten fuhren. Heute staune ich über die vielen neu gebauten Häuser und vermisse die grüne Hangwiese.

Dass es im Leben etwas Überirdisches, Transzendentes geben muss, habe ich als Achtjährige erfahren. Ich hatte einen Zahnarzttermin, zu welchem mich meine Mutter begleitete. Wir wollten mit dem Fahrrad hinfahren. Wir waren bereits zu spät dran und ich wartete in der Garage mit meinem Fahrrad auf sie. Meine Mutter hatte mir inzwischen die Freiheit gelassen, ob ich einen Helm anziehen wolle

14

oder nicht. Ich hatte mich gegen den Helm entschieden. Während ich auf meine Mutter wartete, nahm ich plötzlich eine liebevolle Stimme in mir wahr: "Caroline, zieh doch den Fahrradhelm an", sagte sie. „Nein, ich möchte nicht", entgegnete ich trotzig. „Caroline, zieh doch den Fahrradhelm an", wiederholte diese liebevolle Stimme mehrmals. Ich konnte nicht anders, stieg vom Fahrrad, holte den Helm und zog ihn an. Sogleich kam meine Mutter und wir fuhren los. Ich fuhr voraus. Der Weg führte die Strasse hinunter, über einen Bahnübergang der Regionalzugstrecke, weiter bergab entlang einer starken Linkskurve hin zum Schulhaus „Mühlematt", wo bis heute nebenan die Zahnarztpraxis liegt. Während der Fahrt verlor ich die Kontrolle über das Fahrrad und wurde immer schneller. In der scharfen Linkskurve konnte ich das Lenkrad nicht mehr richtig herumreissen und ich raste helmvoran in eine Mauer. Meine Mutter musste mir dabei hilflos zusehen.

Dann hielt meine Mutter an und kam zu mir. Ich stand unter Schock. Als ich die Fassung wieder fand sahen wir, dass ich vom Sturz nur leichte

15

Schürfwunden an Händen und Knien davontrug. Meine Jeans jedoch war total zerrissen und auch mein Helm war sogar in zwei Hälften gebrochen. Ich konnte dann sogar unter Schocktränen, ohne fremde Hilfe, wieder nach Hause laufen.

Ich erinnerte mich danach wieder an jene Stimme, die wollte, dass ich einen Helm anzöge und war innerlich sehr getroffen. Ohne diese Stimme, die mich hartnäckig aber voller Liebe zum Helmanziehen überredete, wäre ich wohl viel schwerer verunfallt.

Seither weiss ich, dass ich einen Schutzengel an meiner Seite habe, welcher mir jeden Tag hilft, keinen Unfall zu bauen. Mein Schutzengel lehrte mich damals, dass es mehr gibt, als wir sehen können.

16

Von toter zu lebendiger Gottesbeziehung

Dank des Fahrradunfalls wusste ich, dass da noch mehr ist. Doch dieses „Mehr" war, ausser meines Schutzengels, überhaupt nicht fassbar und so hatte dies auf meinen Alltag keinen konkreten Einfluss.

Bis ich 18 Jahre alt war ging ich zum Gottesdienst der römisch- katholischen Kirche, entweder, weil es meine Eltern wollten oder weil es „Kultur" war. Ich wurde auch Messdienerin (Ministrantin, wie wir es in der Schweiz nennen) und Leiterin der Ministrantenschar, damit es mir während des Gottesdienstes weniger langweilig wurde. Wenn ich ministrierte, zählte ich oft die Kirchengänger, um nachher meinen Eltern mitteilen zu können, wie viele es diesmal waren.

Wie das so ist in der Pubertät, hinterfragt man manches, was einem die Eltern beigebracht haben. Gibt es wirklich einen Gott? Was hat es wirklich mit Jesus Christus auf sich? Als dann im Leitungsteam unserer Ministrantenschar Uneinigkeiten und Streit auftraten, fragte ich mich erst recht, warum Gott so was zulässt. Schliesslich verrichteten wir ja für Ihn unseren Dienst am Altar.

Während meiner Schulzeit war ich zwar nicht die Aussenseiterin, aber ich war auch nie voll mit dabei. Und ich hatte auch nicht immer die schönsten oder neusten Klamotten. Ich war stets einfach eine Mitschwimmerin im Strom. Bis dahin fühlte ich mich ausschliesslich in der Ministrantenschar ganz wohl. Und nun dieser Streit.

Der Konflikt brach an einer Leitungsteamsitzung der Ministrantenschar auf. Es ging darum, ob eine neue Ministrantin wegen ihres Alters direkt als Leiterin aufgenommen werden soll. Die Sitzung und die Diskussion der Pro- und Kontraargumente fand in der Kirche statt, im vorderen Teil, direkt vor dem Tabernakel. Der Tabernakel ist wie ein kleiner Tresor aufgebaut und enthält die konsekrierten, also gewandelten, Hostien. Diese Hostien, so sagt es der Glaube der katholischen Kirche, sind durch die Wandlung zu Jesus Christus geworden.

Nun sassen wir also da, in der Kirche vor Gott selbst und stimmten nach den Pro- und Kontraargumenten ab, ob die neue Ministrantin Leiterin werden durfte.

Da es zuerst aussah, als wäre noch die Mehrheit dagegen, wurde von der Oberleiterschaft beschlossen, einfach nochmal zu diskutieren und abzustimmen. Schliesslich war ich eine der Letzten, die immer noch dagegen war und so wurde die neue Ministrantin durch wiederholtes Abstimmen zur Leiterin gewählt.

Ich fühlte mich, als wäre ich im falschen Film. Das passte für mich nicht zusammen. Zum einen der Glaube an Gott, an Jesus Christus, der real gegenwärtig in der Hostie im Tabernakel ist und zugleich so lange abzustimmen, bis das Ergebnis passt. Und dann die ganze Abstimmung mitten in der Kirche. Ich konnte nicht mehr hinter den Entscheidungen unserer Schar stehen. Ich war tief enttäuscht. Meine Freundschaften in der Ministrantenschar drohten kaputt zu gehen.

Also schrieb ich Gott zwei Briefe und forderte ihn heraus. Ich setzte mich an meinen Schreibtisch und nahm zwei weisse Blätter Papier und zwei Umschläge heraus. Ich schrieb auf und sagte in meinem Herzen etwas wie: Gott, wenn es Dich gibt und Du Dich für mich, Caroline Isabelle, interessierst,

19

wenn Du mich wirklich ernst nimmst, dann kennst du meine Wünsche, kannst Du sie lesen und kannst mir diese Dinge schenken. Ich schrieb ihm also was ich mir wünschte und was er mir geben soll, falls es Ihn nun wirklich gäbe und es die Wahrheit ist, was ich bisher blind durch die katholische Kirche geglaubt hatte. Ansonsten würde ich mit Gott endgültig abschliessen.

Im ersten Brief bebschrieb ich meinen zukünftigen Ehemann und wie er in etwa sein und aussehen sollte. Was diesen Wunsch betraf liess mich Gott in Geduld üben, war ich damals doch erst 17 Jahre alt. Es sollte noch 12 Jahre dauern, bis ich Claudio kennenlernte.

Ich schrieb Gott im zweiten Brief, dass ich mir zwei gute Freunde wünsche. Freunde, die mich annehmen, so wie ich bin, die akzeptieren, dass ich im Ausgang wenig oder keinen Alkohol trinke, mit denen ich Ausflüge und Ferien machen, Feste feiern und zelten gehen kann. Ich versteckte diese beiden Briefe in einer Schublade.

Einige Monate später machte mich jemand auf

"Adoray" aufmerksam, dies könnte etwas für mich sein. Jeden Sonntagabend treffen sich an verschiedenen Orten in der Schweiz Jugendliche, um moderne Glaubenslieder – sogenannter Lobpreis – zu singen, zusammen zu beten und die Gemeinschaft zu pflegen. Dies sprach mich an, es hatte etwas Anziehendes und doch was Seriöses. Ich dachte mir, dass ich da vielleicht Leute finde, mit denen ich mich mal für den Ausgang treffen könnte. Da ich gerne singe, sprach mich auch der Lobpreis an.

Doch die nächsten beiden Sonntage fand ich jeweils einen vorgeschobenen Grund, nicht zu dieser Lobpreisgruppe zu gehen.

Zur selben Zeit war ich im letzten Ausbildungsjahr als Fachangestellte Gesundheit (FaGe) im Kantonsspital in Olten. Die Ausbildung hatte ich 2004 begonnen. Ich war eine der allerersten Lernenden in diesem Beruf, den es in dieser Art nur in der Schweiz gibt und mittlerweile „Fachmann/Fachfrau Gesundheit" heisst. Eine FaGe hat mehr Kenntnisse als eine Pflegehelferin, ist jedoch unterhalb einer Krankenschwester mit Diplom (oder diplomierte

Pflegefachkraft, wie sie heute auch genannt wird) angesiedelt.

Meine liebsten Tätigkeiten in der Pflege waren schon damals medizinaltechnische Tätigkeiten oder auch kompliziertere Verbände. Ich bekam von meinen Ausbildnern den Auftrag, bei einem Verbandswechsel zu assistieren. Der Patient war ein Bauer, der sich beim Arbeiten die Hand verletzt hatte und bei uns operiert wurde. Es war sein erster Verbandswechsel nach der Operation und ich wusste nicht, was unser Orthopäde dazu genau benötigt. Meine Ausbildnerin sagte mir, ich solle einfach mal den Verbandswagen mitnehmen, der Arzt würde mir dann schon sagen, wie ich ihm am besten zudienen kann. Als der Orthopäde kam, wirkte er in Eile, musterte mich, sagte kaum etwas. Er nahm den Verbandswagen zu sich und nahm, was er benötigte. Ich lief hinterher und schaute zu. Der Arzt erklärte dem Patienten, wie er die Wunde einschätzte und wann der nächste Verbandswechsel nötig werde. Am Ende des Verbandswechsels gab der Arzt mir den Wagen wortlos zurück, damit ich diesen aufräumen konnte. Er verabschiedete sich vom Patienten und ging dann weg, ohne mit mir ein Wort gesprochen zu haben

Am dritten Sonntag also entschloss ich mich, nach Luzern ins Adoray zu fahren und vorher noch in die Heilige Messe – den Gottesdienst – zu gehen. In der Heiligen Messe sah ich beim Kommuniongang einen jungen Mann, der mir bekannt vorkam. Ich erkannte ihn als den Arzt vom Verbandswechsel wieder und dachte mir: „Was, der ist Christ? Das hätte ich ihm nicht zugetraut!" Nach dem Gottesdienst suchte ich die Kapelle, wo das Adoray stattfinden sollte. Ich kam zur Kapelle und traf vor der Eingangstür auf den Arzt, der sich als Christian vorstellte. Er sagte, dass er mich von irgendwo her kenne. Wir kamen ins Gespräch und ich blieb zum Lobpreisabend. Dieses erste Adoray hat mich sehr berührt, ich habe noch nie so viele Jugendliche gesehen, die von Herzen Gott loben und preisen. Und dann sind alle offen auf mich zugegangen. Dass ich dann mit einer meiner nun besten Freundin ein Stück mit dem Zug noch nach Sursee fahren und mit ihr über Gott und die Welt reden konnte, freute

23

mich sehr. Ich sass da im Zug und war einfach unbeschreiblich glücklich. Am liebsten wäre ich zu jeder Person im Zug gegangen, um sie zu umarmen und ihr zu sagen, dass Gott sie liebt! Solche tiefe Freude, Frieden und Glück hatte ich im Herzen. Und auch meine Freundin strahlte – das bewegte mich tief.

Die nächsten Sonntage ging ich regelmässig ins Adoray. Ich kam von da an gut mit Christian aus und alle meine Arbeitskollegen fragten sich, weshalb.

Nach etwa drei Monaten erzählte ich im Adoray, wie ich meinen persönlichen Glauben und in die Adoraygruppe fand. Solche Erzählungen nennen wir im gemeinhin „Zeugnis", da wir Zeugen sind von Gottes Wirken. Ich erzählte von jenem Brief an Gott mit meinem Wunsch, Freunde zu finden und dass Gott mir durch das Adoray diese Freunde geschenkt hatte. Am Ende meiner Erzählung kam Christian nach vorne und sagte, er müsse mich ergänzen. Er habe einmal mit mir einen Verbandswechsel gemacht und war total gestresst und dann sauer, weil ich Nichts vorbereitet hatte. Er wollte mich dann eigentlich rügen, habe es aber unterlassen, weil er an meiner Halskette eine Medaille sah. Es war die wundertätige Medaille der Muttergottes.

Die Medaille der Muttergottes hatte ich von meiner Mutter geschenkt bekommen. Diese Medaille geht zurück auf eine Ordensfrau, Schwester Catherine Labouré. Sie lebte Anfang des 19. Jahrhundert in Paris. Schwester Catherine hatte Erscheinungen der Gottesmutter Maria. Die beiden Bilder, die sich auf der Medaille befinden, wurden der Schwester Catherine in einer abendlichen Meditation gezeigt. Die Muttergottes gab ihr persönlich den Auftrag, diese Medaillen herstellen zu lassen und zu verbreiten. Sie wird „die wundertätige Medaille" genannt, weil ihr zahllose Wunder zugeschrieben werden. Diese Erzählung ist nachzulesen im Heft „Siegeszug der Wunderbaren Medaille" des Miriam-Verlages.

Ja, für mich war es auch ein Wunder! Die Mutter Gottes hatte persönlich Christian ins Herz eingegeben, mich nicht zu kritisieren. Denn ich bin überzeugt, dass ich ansonsten sogleich wieder nach Hause gefahren wäre, als ich damals Christian vor dem Eingang zum Adoray gesehen habe. Ich hätte das Adoray mit den Geschehnissen in der Minischar gleichgesetzt. Ich hätte mit dem Adoray abgeschlossen und am Schlimmsten: ich hätte definitiv mit Gott abgeschlossen.

Diese Medaille hat mich also vor einem Rüffel beschützt und mich so ins Adoray geführt.

Gott hat von meinen Wünschen und den Briefen gewusst. Gott hat mich gehört und ernst genommen und mir geantwortet. Gott hört einen immer – davon bin ich heute überzeugt. Gott ist immer bei einem, am Morgen, wenn man aufsteht, wenn man bei der Arbeit, oder sonst irgendwo unterwegs ist. Nur wir sind oft an einem anderen Ort. Deshalb versuche ich sehr oft, egal wo ich bin, mit Ihm, meinem Schöpfer, zu reden. Meine Beziehung mit Gott ist wie das Versprechen bei der Ehe: In guten wie in schlechten Zeiten. Ich meine damit, dass ich in der Beziehung mit Gott nicht nur bitten, sondern auch danken soll. Es freut unseren Schöpfer, wenn ich ihm für die schönen Dinge, die er mir immer wieder schenkt, danke, sei es auch nur, dass ich gesund bin und keine Behinderung habe.

Durch diese Lobpreisabende und die Begegnung mit den jungen Menschen dort, habe ich nicht nur zwei Freunde gefunden, die meinen an Gott gestellten Kriterien entsprachen. Nein es sind mehr geworden. Mittlerweile kann ich die vielen lieben Menschen, die ich dadurch kennengelernt habe, gar nicht mehr zählen! Aus erst flüchtigen Bekanntschaften haben sich nun auch tiefe Freundschaften entwickelt, Freunde, mit welchen mein Mann und ich im Alltag und dem Glauben unterwegs sind.

In diesen Jahren kam ich also durch das Adoray zu meinem eigenen, überzeugten, katholische Glauben. Dadurch habe ich auch die Feste der Weltjugendtage, welche Papst Johannes Paul II ins Leben rief und die verschiedensten katholischen Gemeinschaften und christliche Vereine kennengelernt.

Später lerne ich durch das Adoray auch die Gemeinschaft Emmanuel kennen. Diese bietet für junge Menschen ein Studienjahr an, welches ich im Jahr 2012/2013 besuchte. Damals hiess dieses Studienjahr „Emmanuel School of Mission" (ESM), heute heisst es „Rejoice". Die ESM war ebenfalls sehr prägend für mich. Ich war damals 24 Jahre alt

und lebte neun Monate mit 25 anderen Studieren-
den aus aller Welt zusammen in Altötting (Bayern,
Deutschland). Nebst theologischem Unterricht, mu-
sizierten und beteten wir zusammen, organisierten
diverse Feste und studierten ein Musical über den
heiligen Augustinus ein, mit welchem wir durch
Deutschland, Österreich und die Schweiz tourten.
Wir lebten dieses Studienjahr zusammen wie Ge-
schwister und so habe ich heute noch viel Kontakt
mit meinen damaligen Mitstudierenden.

Alle diese Begegnungen, das Adoray, die Weltjugendtage und die ESM, geben mir immer wieder
Kraft für den Alltag, um meinen Lebensweg mit Jesus Christus an der Seite weiterzugehen.

Das Adoray ist heute (2024) noch ähnlich, wie ich
es im Jahr 2007 als Siebzehnjährige erlebt habe.
Heute werden noch mehr englische Lieder gesun-
gen, ausserdem gibt es nun verschiedene Veran-
staltungen wie Sporttage, Wanderwochenenden,
Festivals oder auch Kleingruppen, wo man sich
auch mal unter der Woche trifft und zusammen Gemeinschaft lebt.

ADORAY- Wer sind wir?

Adoray ist eine junge Bewegung in der katholischen Kirche mit dem Anliegen, durch die Grundhaltung der Anbetung (adore) und des Lobpreises (pray), eine lebendige Christusbeziehung zu pflegen. Adoray bietet jungen Menschen die Möglichkeit, in Freundschaft die Freude des Evangeliums kennenzulernen, zu leben und weiter zu schenken. Nebst regelmässigen Lobpreisabenden werden je nach Ort auch noch andere Aktivitäten wie zum Beispiel Sport, Filmabende, Nightfever oder Jugendgottesdienste organisiert.

Egal ob katholisch oder nicht, ob einer Bewegung oder Gemeinschaft angehörend, ob gläubig oder nicht – bei Adoray sind alle Interessierten herzlich willkommen!

Quelle: https://www.adoray.ch/ueber-uns/

Meine Gleitschirmnotlandung(-unfall)

Als Kind verbrachte ich mit meinen Eltern die Sommerferien immer in den Bergen. Während Wanderungen schauten wir oft den Menschen zu, wie sie mit ihren Gleitschirmen starteten, flogen oder landeten. Dies faszinierte mich schon sehr früh in der Kindheit.

Auf meinen 18ten Geburtstag liess ich mir dann einen Gleitschirmtandemflug schenken, der meine Freude und Leidenschaft für das Fliegen entfachte. So begann ich während meiner Berufsausbildung zur Pflegefachfrau FH nebenbei noch den Gleitschirmflugschein zu machen. Dies brachte mir viel Anerkennung ein und die Leute staunten und sagten: „Ach du fliegst, das würde ich mich nicht getrauen!".

"Flying somewhere in the air, peace and silence everywhere", heisst eine Strophe aus dem Lied "to be free" der Musikgruppe "Cardiac Move". Dies kann ich bestätigen. In jenem Moment, wo man fliegt und Gottes wunderbare Schöpfung sieht – das ist einfach grandios! Aber das Fliegen selbst ist eine

Leidenschaft und zeitintensiv. Regelmässige Gleit-schirmwartung, diverse Kurse besuchen, z.B. über das Wetter, regelmässig fliegen gehen, um nicht aus der Routine zu kommen. Alles zur Sicherheit, um sein Leben nicht aufs Spiel zu setzen.

Vor jedem Start gibt es einen 5-Punkte-Check. Be-ziehungsweise 6 Punkte, denn mein Startcheck hatte einen zusätzlichen Punkt.

1. Helm: ist er angezogen und geschlossen? Sind Gurtzeug und Karabiner geschlossen? Kontrolle des Notschirms: Sind die Splinten in den Schlaufen, um ein ungewolltes Öffnen zu verhindern?

2. Leinen und Tragegurte, ggf. Beschleuniger in Ordnung?

3. Ist die Eintrittskante offen, Schirm ok?

4. Windrichtung und Windstärke in Ordnung?

5. Luft- und Startraum frei?

Und mein persönlicher 6. Punkt: Jesus bitte flieg mit mir mit, bewundere mit mir die Schöpfung Gottes und lass mich wieder heil landen.

Dann kam es, dass ich eines Tages vom Zugerberg startete. Ich war schon einige Male hier geflogen, somit war die Umgebung nicht neu für mich. An diesem Tag hatte es einige andere Gleitschirmpiloten. Der Start verlief problemlos und ruhig. Als ich in der Luft war, sah ich einige Piloten anscheinend in einer warmen Luftblase hin und her fliegen und an Höhe gewinnen. Ich flog in dieselbe Richtung in der Hoffnung, in dieselbe Blase fliegen zu können. Nun, bis ich da war, war die warme Blase gestiegen und ich war in der absinkenden Luft. Ich bemerkte, dass ich nicht an Höhe gewinne und wollte Richtung Landeplatz zurückfliegen. Doch es war bereits zu spät – der Wald war mir schon im Weg. Ich schaute mich sogleich nach einem anderen Flugweg und Notlandeplatz um – doch ich sah nur „Problemgelände" und so betete ich kurz: Jesus, ich habe keine Ahnung wo und wie ich landen soll, bitte hilf mir, steuere meinen Gleitschirm. Fünf Sekunden später war ich gelandet.

Dann sass ich da, auf einem Stück Weideland mit Blick vom Berg weg in die Weite in Richtung See. Ich war gelandet und stand unter Schock. Nach einiger Zeit bemerkte ich, dass ich mir bei dieser Landung keine einzige Schramme zugezogen hatte!

Auch mein Gleitschirm war weder defekt noch nass oder schmutzig geworden. Ich schaute mich um und stellte mir vor, was alles hätte passieren können. Ich hätte an einigen prekären Orten landen können, entweder in der nahen gelegenen Hochspannungsleitung (die mich gebraten und oder vielleicht gar getötet hätte), im Bächlein nebenan, mitten in den Kühen (die dann bestimmt ausgerastet wären) oder auf dem Dach des Bauernhauses (damit hätte ich wohl einen grösseren Sachschaden verursacht). Als ich mich so umsah und begriff, dass ich mir nicht erklären konnte, wie ich nun so gut gelandet war, erfüllte mich eine riesige Freude: zum Glück hat meine Checkliste einen 6. Punkt. Danke Jesus für diese super Landung!

Ich bin nach dieser Notlandung wieder fliegen gegangen, damit keine Angst vor dem Fliegen, Starten und Landen aufkommt. Angst lähmt und verkrampft nur und ist daher nie ein guter Ratgeber, dachte ich. Dies hatte ich schon während der Ausbildung für den Gleitschirmflugschein gelernt, als ich mir bei einem Startabbruch einen Fussbruch – eine sogenannte Vollkmann-Fraktur – zuzog. Ich ging also bald nach dieser Notlandung wieder fliegen und das war gut so. Danach hatte ich noch einige schöne Flüge.

Da ich aber die Missionsschule der Gemeinschaft Emmanuel in Altötting machen wollte, habe ich meinen Gleitschirm später verkauft. Ich musste mir auch eingestehen, dass ich nicht etwas Besonders bin, nur weil ich Gleitschirm fliege oder sonst ein waghalsiges, spezielles Hobby habe. Nein, ich und jede/r von uns ist etwas Besonderes, denn wir SIND einfach einzigartig und von Gott geschaffen:

„(…) Denn du hast mein Innerstes geschaffen, mich gewoben im Schoss meiner Mutter. Ich danke dir, dass du mich so wunderbar gestaltet hast. Ich weiß: Staunenswert sind deine Werke. (…)" (Psalm 139.13-14)

2. Giannas kurzer Lebensweg

Die Vorfreude

Mein Mann Claudio und ich heirateten am 8. Dezember 2018. Zu Beginn unserer Ehe wollten wir im neuen Alltag zu zweit ankommen und zusammenwachsen. Wir sind erst nach der Heirat zusammengezogen und lernten uns ab da in allen Lebensbereichen kennen. Wir nahmen uns die Zeit, ein gutes Team zu werden, mit unseren neuen gemeinsamen Alltagsabläufen, Fragen wie: Wann putzt wer die Wohnung, wer wäscht, wer kauft ein, wo kaufen wir was ein, wann unternehmen wir gemeinsam etwas, wann hat jeder Zeit nur für sich.

Dann, im August 2019, meldete sich unser erstes Kind an, welches wir begannen, liebevoll „Bopeli" zu nennen. Erst bei der Geburt erfuhren wir, dass „Bopeli" ein Mädchen ist, und so nannten wir sie Gianna Maria. So werde ich sie auch im Verlauf dieses Buches rückblickend Gianna nennen. Wir freuten uns riesig über sie, auch weil wir nun das Gefühl hatten, dass wir nun einen soliden „Familiengrundstein" gelegt hatten.

35

Damals arbeitete ich in einem Spital auf einer onkologischen Abteilung. Auf dieser Onkologie musste
ich auch chemotherapeutische Medikamente herstellen. Diese Medikamente können gerade auch
für Schwangere, bzw. für die noch Ungeborenen,
gefährlich sein. Deshalb war ich verpflichtet, meine
Chefin über meine Schwangerschaft zu informieren,
damit ich in einem anderen Arbeitskreis eingeteilt
werden konnte. Ab dann arbeitete ich nur noch im
Bereich der Blutentnahme und war nicht mehr in die
Gabe oder Zubereitung von Therapien involviert.
Mit diesen zellschädigenden Medikamenten hatte
ich keinen direkten Kontakt mehr. Da ich bereits
meinen Arbeitgeber so früh in der Schwangerschaft
informieren musste, informierten wir auch unsere
Familie und Freunde, die sich mit uns freuten. Wir
fragten auch schon Freunde an, ob sie den Dienst
der Patenschaft übernehmen möchten – in der
Schweiz Gotti und Götti genannt – welche voller-
Freude zusagten.

Die Schwangerschaft verlief bis dahin gut, ich hatte
nur wenige Beschwerden von der hormonellen Um-
stellung.

Der erste Kontrollultraschall im dritten Monat zeigte ein gesundes, lebendiges Kind. Noch so klein und doch sah man schon das Herz schlagen. Und die kleinen Beine und Arme – welch Wunder und welche Freude!

Parallel zu den ersten Untersuchungen waren wir auf der Suche nach einer neuen Wohnung, da unsere 3.5-Zimmerwohnung mit ihren 75 Quadratmetern etwas zu klein werden würde. Wir wurden auch fündig und wussten, dass wir dann nach der Geburt umziehen würden.

Etwas stimmt mit dem Herzen nicht...

Zum zweiten Ultraschall gingen mein Mann und ich wieder gemeinsam hin – zum Glück. Es war der 16. Dezember 2019, der routinemässige 5-Monatsultraschall und die Kontrolle aller wichtigen Organe.

Unser Gynäkologe kontrollierte per Ultraschall die verschiedenen Organe. Beim Herzen blieb er lange und konzentriert stehen. Mein Mann und ich schauten beide auch auf die Ultraschallbilder. Als gelernte Pflegefachfrau sah ich mir das Herz an und dachte nur: es sieht irgendwie speziell aus, nicht wie ich mir Ultraschallbilder eines gesunden Kinderherzlein vorstelle... Doch ich wartete ab, ohne Angst, bis der Gynäkologe etwas sagen und Entwarnung geben würde. Die Entwarnung kam nicht. Stattdessen sagte unser Gynäkologe in etwa das: Frau und Herr Merlo, ich muss sie leider nach Luzern ins Luzerner Kantonsspital (LUKS) zur erneuten Ultraschalluntersuchung schicken. Ich vermute, dass ein Herzfehler vorliegen könnte. Doch das Kantonsspital in Luzern hat neuere und bessere Ultraschallgeräte und da kann der Herzspezialist eine genauere Diagnose stellen.

Mit dieser Ungewissheit fuhren wir an diesem Abend zurück nach Hause. Zum Glück erhielten wir schnell einen Termin im LUKS, welcher eine Woche später, am 23. Dezember 2019, stattfinden sollte.

Da wurde uns durch die Ärztin und einen Herzspezialisten bestätigt, dass unser Kind einen sehr schweren und komplexen Herzfehler hat und wir deshalb an das Universitätsspital Zürich verwiesen werden müssten. Ich nenne ihn gerne nur den „Herzfehler", denn die genaue und lange Diagnose, so wie sie später im Geburtsbericht stand (siehe später im Buch), hört sich für mich hässlich an.

Wir erhielten während der Schwangerschaft einige Skizzen von den Ärzten. Mit den Skizzen erklärten sie uns, wie Giannas Herzsituation aussah. Auf der folgenden Seite ist eine solche Skizze aus dem Luzerner Kantonsspital:

Die Ärztin in Luzern fragte uns, ob wir eine genetische Abklärung machen möchten. Oft seien bei solchen Organschäden noch andere Genfehler vorhanden. Mit einer Blutprobe von mir, der Mutter, und einer Probe vom Fruchtwasser hätten die Ärzte kindliche Zellen suchen können. Die kindlichen Zellen wären dann auf genetische Fehler untersucht worden. Die Ärzte hätten dann gewusst, was für ein genetischer Fehler vorliegt. Mit dieser Information zu diesem Zeitpunkt hätten sie dann mit grösserer Wahrscheinlichkeit sagen können, an was für einer Erkrankung unser Kind leidet und wie die Überlebenschance aussehen. Eine Therapie oder ein Medikament für Genkrankheiten gibt es bisher nicht.

«Mit dieser schweren Prognose müssten wir uns entscheiden», sagte die Ärztin, «jetzt wäre noch die Möglichkeit.» Das Wort „Abtreibung" nahm sie nicht in den Mund, doch wie sie es ansprach, war für uns beide klar, was sie meinte. Für meinen Mann Claudio und mich war es aber klar, dass wir unser Kind liebten, egal, welche Krankheit es haben möge. Es ist uns geschenkt und wir nehmen es an!

Mit Überredungskunst konnte uns die Ärztin dann doch überzeugen, zu einem auf Genforschung spezialisierten Kinderarzt zu gehen und uns ohne invasive Untersuchung einfach mal zu beraten. Wegen den bevorstehenden Festtagen sollte dieses Gespräch aber erst im neuen Jahr stattfinden.

Die Weihnachtstage in diesem Jahr waren ungewohnt und bedrückend für uns. Zum Feiern war uns gar nicht zumute und das Hin- und Herfahren zu unseren Familien – die beide gut eine Stunde entfernt wohnten – war einfach zu viel. Wir entschlossen uns, die Hauptfesttage zu Hause zu verbringen.

Als wir am 16. Dezember 2019 beim 5-Monatsultraschall waren, kam mir der Untersuch wie eine gefühlte Ewigkeit vor. Der Gynäkologe untersuchte ausgiebig die Organe, insbesondere das Herz. Je länger es dauerte, desto nervöser und ungeduldiger wurde ich. Bis er dann endlich zu reden begann. Eigentlich will man in diesen Situationen nur eines hören: Es ist alles gut. Man ist sich zwar bewusst, dass es auch anders sein könnte, aber ich zumindest verdrängte es. Ich glaube, es ist nur normal, dass man in ungewissen Situationen, die man nicht kennt und nicht beeinflussen kann, sich einfach Gewissheit wünscht. Die Antwort, dass unser „Bopeli" einen Herzfehler hat, war zwar niederschmetternd, doch es war auch etwas, mit dem man sich auseinandersetzen konnte.

Auf dem Weg nach Hause, ging mir so einiges durch den Kopf und ich versuchte, meine Gedanken zu ordnen. Solange wir nicht in Luzern genauere Abklärungen machen konnten, wussten wir noch nicht so recht, wie ernst es ist und wie wir diesen Herzfehler einzuordnen haben. Daher versuchten wir die Zeit bis zur nächsten Untersuchung möglichst normal zu gestalten. Gleich am nächsten Tag fuhren wir für einige Tage nach Linz, um unsere Trauzeugin zu besuchen. Ich versuchte mich in diesen Tagen abzulenken und sagte mir: «Solange nicht klar ist, was unserem „Bopeli" fehlt, muss ich mich nicht darum sorgen. Daher mach dir erst ernsthafte Sorgen, wenn sie angebracht sind.»

Ich glaube, die Zeit in Linz tat uns gut, da es in diesen Tagen nicht primär um uns ging, sondern wir Zeit mit unserer Trauzeugin verbringen wollten. Sie war einige Monate zuvor von Bern nach Linz ausgewandert, um in einem Konvent der Elisabethinen einzutreten. Das ist ein franziskanisches Frauenkloster. Sie hatte uns aus ihrem neuen Alltag so ei-

43

niges zu erzählen, sodass wir uns nicht nur um unser kleines „Bopeli" Sorgen machen mussten. Diese willkommene Abwechslung tat uns gut, da sonst die Anspannung ins unermessliche gestiegen wäre.

Kurz vor Weihnachten, am 23. Dezember 2019, war es dann so weit und wir fuhren zum Untersuch bei den Spezialisten in Luzern. Anmeldung, Warteraum und wieder ein gefühlt unendlich langer Untersuch. Wir ahnten da noch nicht, wie viele solcher langwierigen Untersuchungen wir in den nächsten Monaten noch erdulden mussten. Schliesslich wurde uns anhand einer Zeichnung erklärt, was an dem Herzen von Gianna nicht in Ordnung war. Und dass sie uns ans Unispital in Zürich (USZ) überweisen müssten, da sie den erforderlichen Eingriff bei der Geburt nicht in Luzern machen könnten. Da wurde mir so richtig bewusst, wie ernst die Lage ist. In den Tagen zuvor dachte ich noch, es gibt ja viele Menschen mit einem Herzfehler, das kann man operieren, das wird schon gut werden. Und nun hatten wir die Gewissheit, dass Gianna einen mehrfachen, schweren Herzfehler hatte. Und doch wussten wir nichts. Wir wussten nicht, was auf uns zukommt und wie es weiter geht. Ich fühlte mich hilflos.

Im Januar 2020 fand dann das Beratungsgespräch mit dem auf Gendefekte spezialisierten Arzt statt. Er wusste, welche Diagnose uns über das Herz unserer Gianna mitgeteilt wurde und dass wir den Entschluss gefasst hatten, keine Genuntersuchung vornehmen zu lassen. So fragte er nur nach Krankheiten, die sonst in unseren Familien vorkämen. Der Spezialist sagte uns dann, dass ein solch starker Herzfehler normalerweise schon in der Frühschwangerschaft von der Natur erkannt wird und es zu einer Fehlgeburt komme. Es sei also unüblich, dass Gianna sich so gut weiterentwickle. Außerdem hätten wir von der Familie her nicht spezielle Hinweise auf einen Gendefekt. Jedes Paar hätte ein gewisses Risiko ein krankes Kind zu bekommen. Bei uns sei dieses Risiko, weil unsere Tochter nun diesen Herzfehler hat, nur sehr gering höher als bei anderen Paaren. Das war bisher nichts Neues für uns. Dieses Beratungsgespräch half uns kaum. Wir fühlten uns nur in unserer Meinung bestätigt, dass unser Kind ein Kämpferkind ist und dass es noch Hoffnung gibt.

Die ungewisse Zukunft

Nach der Kontrolle im Luzerner Kantonsspital, fing ich an, intensiver um Heilung für unsere Gianna zu beten. Ich betete täglich den Rosenkranz und stellte mir Gebete zusammen. Ebenfalls bat ich folgende, verstorbene Personen für und mit mir bei Gott für Gianna zu bitten: die Muttergottes, den heiligen Josef, den heiligen Johannes Paul II, die heilige Gianna Baretta Molla und den heiligen Charbel. Natürlich sprach ich auch immer wieder Gott, besonders in der Person des Sohnes Jesus, selbst an. Mein Mann und ich wussten, dass wir diese Situation um unsere Gianna nicht allein tragen konnten. So baten wir unsere Familie und Bekannte um gute Gedanken und um Unterstützung im Gebet.

Alle weiteren Kontrollen fanden dann in Zürich im Universitätsspital (USZ) statt.

46

Am 17. Januar 2020 fand dann der erste Untersuch im USZ statt. Sowohl der Gynäkologe wie auch die Herzspezialistin machten aufwändige Ultraschalluntersuchungen, um die ganze Herz- Gefäss- und Lungensituation unserer Gianna genau erfassen zu können. Schon beim ersten Termin sagten sie uns, dass Gianna ganz sicher nach der Geburt am Herz operiert und ins Kinderspital (Kispi) verlegt werden müsste. Sie boten uns eine Führung durch das Kispis an, damit wir die Räumlichkeiten schon kennen würde, wenn es dann soweit wäre. Zu diesem Zeitpunkt war ich sehr froh, auf alles Mögliche vorbereitet zu sein und nahm das Angebot dankend an.

Im Januar 2020 waren wir mehrmals im Kinder- und im Universitätsspital in Zürich. Wir sahen, wo unser „Bopeli" die ersten Monate nach der Geburt verbringen würde und wir wurden detailliert darüber informiert, wie die Geburt und die anschliessende Operation verlaufen könnte. Der Weg von Kriens nach Zürich und die Räumlichkeiten der Spitäler wurden uns langsam vertraut. Wir stellten uns gedanklich auf die Geburt in Zürich ein.

Anfang Februar durften wir dann das Kispi mit den für uns relevanten Räumlichkeiten besichtigen. Es lag zu Fuss etwa 10 Minuten vom USZ entfernt und am einfachsten fuhr man mit dem Auto, Taxi oder der Bahn hin. Es war ein altes Gebäude mit verwinkelten Gängen und einer in die Jahre gekommenen Kantine. Eine Pflegefachfrau führte uns glücklicherweise durch das Gebäude – ich hätte mich sonst bestimmt verlaufen. Sie zeigte uns zum Beispiel die Frühgeburtenabteilung mit den Brutkästen, die Intensivstation und wo ich in Zukunft die abgepumpte und angeschriebene Muttermilch zu platzieren hätte. Das neue Kinderspital sei in Planung und sollte an einem anderen Standort im November 2024 eröffnet werden, erklärte sie uns.

Zu Beginn der Schwangerschaft arbeitete ich noch normal weiter als Pflegefachfrau auf der onkologischen, ambulanten Abteilung. Ab etwa Anfang des sechsten Monats jedoch reduzierte ich mein Pensum auf 50 Prozent. Als ich an einem Freitag Ende Februar 2020, im siebten Monat der Schwangerschaft, mit meinem Mann wieder einen Kontrolltermin in Zürich hatte, behielten sie mich unverhofft im

Spital. Ich sollte für eine sogenannte Lungenreife im Spital bleiben. Bei einer Lungenreife wird der Mutter Kortison verabreicht, welche die Weiterentwicklung und Reifung der Lungen des noch ungeborenen Kindes beschleunigt. Dieses Verfahren ist üblich, wenn eine Frühgeburt wahrscheinlich ist. So könne man bei einer Frühgeburt die Überlebenschance des Kindes steigern, erklärte man mir. Über das Wochenende blieb ich also im Unispital Zürich und mir wurden diese Medikamente per Infusion verabreicht.

Der Spitalaufenthalt war speziell für mich. Im Bett rechts von mir lag eine Frau, die Zwillinge erwartet und zu früh schon Kontraktionen der Gebärmutter spürte. Auf der linken Seite lag eine Frau, der eine Frühgeburt drohte, falls sie sich zu viel bewegte. Sie musste deshalb noch etwa zwei Monate mehrheitlich liegen bleiben. Mittendrin ich und Bopeli. Wir waren nur da für die Lungenreife und mir und Gianna ging es zu diesem Zeitpunkt sehr gut. Wir konnten uns frei auf der Abteilung bewegen und hatten es im Vergleich zu den anderen Frauen mit ihren Babys im Bauch sehr gut. Doch auch bei mir

49

kamen die Pflegefachkräfte regelmässig vorbei, um nachzufragen: «Spüren sie Kontraktionen?» «Nein, soweit alles in Ordnung – also besser gesagt – nein, ich habe keine Kontraktionen.» Ich dachte mir, «alles in Ordnung» wäre falsch ausgedrückt. In Ordnung wäre es für mich, wenn mein Kind keinen schwerwiegenden Herzfehler hätte.

Am Dienstag darauf war die Therapie abgeschlossen und Gianna bewegte sich wie gewohnt rege in meinem Bauch.

Anfang Februar 2020 musste Caroline für die Lungenreife von Gianna ein paar Tage im USZ bleiben. Dies kam unerwartet und hat mir das erste Mal den Ernst der Lage verdeutlicht. Ich besuchte Caroline jeweils am Samstag und Sonntag und verbrachte einige Stunden mit ihr. Dies war ein Vorgeschmack auf jene Zeit, die Gianna nach der Geburt im Kinderspital verbringen würde. Nach Zürich fahren, Stunden im Spital verbringen, bangen, beten und hoffen. Und am nächsten Tag alles von vorne. Ich war froh, dass Caroline am Dienstag nach dem Wochenende wieder nach Hause kommen konnte. So konnte es mit den gewohnten, zweiwöchentlichen Untersuchungen weitergehen.

Nachdem ich einen Abend des Geburtsvorbereitungskurses wegen des Spitalaufenthaltes auslassen musste, war ich endlich wieder da. Eine Freundin, welche auch den Kurs mit mir besuchte, begrüsste mich freudig: „Schön, dass du wieder da bist und du aus dem Spital entlassen werden konntest. Dann scheint soweit alles gut zu sein..." „Gut?" dachte ich wieder. NICHTS ist gut! Wenn du wüsstest, was die Ärzte sagen! Wie wird das wohl sein? Wir werden Monate in Zürich verbringen, unser Kind auf der Kinderintensivstation und ich in einer Einzimmerwohnung. Ich werde nicht stillen können oder nicht dürfen. Claudio wird zu Hause sein und wir in einer Fernbeziehung leben. Guter Gott, ich weiss nicht, ob wir dies schaffen werden, dachte ich mir.

Doch ich sagte ihr nichts von meinen Gedanken und Zweifeln. Was hätte es gebracht? Ausser Traurigkeit und Bedrücktheit wohl Nichts. Dass meine Schwangerschaft schon so weit fortgeschritten war, damals war ich im siebten Monat, hat meiner Freundin vielleicht die Gewissheit gegeben, dass schon alles gut werden würde. Ich schob meine Gedanken weg und versuchte, den Geburtsvorbereitungsschwimmkurs zu geniessen.

Dann arbeitete ich weiter Teilzeit auf der onkologischen Station. Ich hatte von 07.45 Uhr bis 13.00 Uhr Dienst, mit einer Viertelstunde Pause. Ich überbrückte so jeweils die Mittagspause meiner Kolleginnen, welche mich um 13.00 Uhr bei der Arbeit ablösten. Danach ging ich ebenfalls in die Kantine zum Mittagessen. Eine Begegnung in der Mittagspause hat mich besonders zum Nachdenken gebracht. Es war, als gerade das Corona-Virus nach Europa kam. Zu dieser Zeit war die Spitalmensa für Angehörige oder Besucher noch offen. So ergab es sich, dass ich mich zu einer Frau setzte, welche zu Besuch im Spital war. Sie sah, dass ich schwanger war, und wir kamen ins Gespräch: „Oh schön, wie weit sind sie denn in der Schwangerschaft", fragte sie. „Anfang siebter Monat" entgegnete ich. „Und wissen sie, ob es ein Mädchen oder ein Bub ist", hackte sie nach. „Das könnten wir bereits, aber mein Mann und ich haben uns entschieden, es nicht wissen zu wollen", antwortete ich. Das spiele auch keine Rolle ob Mädchen oder Junge, sagte sie, „Hauptsache gesund!" Diese Aussage traf mich wie ein Schlag. Ich fragte sie ernsthaft: „Und was, wenn das Kind nicht gesund ist?" Sie sagte erst nichts, schien einen Moment lang nachzudenken und sagte dann ruhig: „Dann haben sie eine grosse Aufgabe vor sich".

„Hauptsache gesund", diesen Ausdruck hatte ich schon so oft gehört und er machte mich jedes Mal traurig. Warum ist unsere Gesellschaft nur so auf dieses einzige, hohe Gut der Gesundheit fokussiert? Gibt es nicht andere Güter, die wichtiger sind, also nur möglichst gesund zu sein? Hauptsache…. was ist denn die Hauptsache? Ich überlegte und dachte erst: Hauptsache, wir können Eltern werden…. Nein das ist auch nicht die Hauptsache im Leben, habe ich doch Freunde, welche nicht Kinder bekommen können. Elternschaft ist ein grosses Geschenk. Keine Kinder bekommen zu können scheint mir ein grosses Leid, ein Kreuz, zu sein, welches einige Paare tragen müssen.

Ich bewundere meine Freunde, welche nicht Eltern werden können und dieses grosse Leid tragen müssen. Sie nehmen dies mit grosser Demut an und investieren anderweitig in die Gesellschaft und sind dadurch als Ehepaar fruchtbar.

In jenem Moment, als ich da in der Mensa sass und ass, ging mir all das durch den Kopf. Die Dame gegenüber hatte sich inzwischen freundlich verabschiedet und uns alles Gute gewünscht. Aber was ist denn nun die Hauptsache im Leben? Diese Frage beschäftigte mich noch lange. Ich kam zum Schluss, dass weder Elternschaft noch eine super Ausbildung noch ein grosser Lohn, die eigene Intelligenz noch die beste Gesundheit und Fitness die Hauptsache im Leben ist. Es ist schlussendlich die Liebe.

Es ist die LIEBE.

Es ist die Liebe zu leben. Egal, wo ich bin, egal, in welcher Situation ich mich befinde, egal, welche

Stellung ich habe, wie gescheit, gesund, gross, schön oder reich ich bin. Die Hauptsache ist, dass wir lieben.

Ich rede hier von der Liebe wie Jesus Christus sie lebte. In der Heiligen Schrift, der Bibel, können wir in sehr vielen und unterschiedlichsten Erzählungen sehen, wie unendlich gross seine Liebe zu uns Menschen war. Jesus Leben der Liebe soll mir immer Vorbild sein. Auch wenn ich wegen meiner menschlichen Begrenztheit immer wieder daran scheitere, so zu lieben, wie Jesus es tat, will ich mich immer wieder aufrichten und es erneut versuchen. Immer mit Blick auf IHN und mich immer wieder fragen: Was würde Jesus jetzt tun? Wie würde er seine Liebe in dieser Situation, die ich gerade erlebe, zeigen?

Unser Glaube auf dem Prüfstand

Ende Februar 2020 hatten wir noch eine Woche Ferien, auf die wir uns schon länger gefreut hatten. Wir haben uns für Exerzitien angemeldet, um ein paar Tage in der Stille und im Gebet zu verbringen.
Das Wort „Exerzitien" kommt vom lateinischen Wort „exercere" und heisst „üben". Exerzitien sind somit geistliche Übungen, die man abseits des Alltags macht und die zu einer intensivieren Begegnung mit Gott führen sollen. Es gibt verschiedene Arten, wie man Exerzitien gestalten kann.
Das Flüeli Ranft ist ein wunderbarer Wallfahrtsort, an dem ich besonders gut ins Gebet komme. Die Tage waren vom Beten des Rosenkranzes, Lobpreis und der Heiligen Messe geprägt. Und für das leibliche Wohl wurde auch gesorgt. In dieser Zeit wurde mir deutlich bewusst, dass ich nichts unter Kontrolle habe. Ich bin nur Passagier im Plan Gottes. Als Mann ist man schnell versucht, das Problem zu lokalisieren und eine passende Lösung dafür zu suchen. Aber in unserem Fall gab es keine Lösung.

Und in den Tagen der Exerzitien wurde mir bewusst, dass ich Giannas Herzfehler in Gottes Hände geben muss. Ich konnte dieses Problem weder kontrollieren noch lösen. Ich übergab es Jesus und Maria mit den Worten: „ich kann hier nichts machen, das ist euer Job". Dies hat mir enorm geholfen, um besser damit zurecht zu kommen. Für mich bekam die Stelle im Vater unser, wo es heisst „Dein Wille geschehe" eine ganz neue Bedeutung. Ich wusste, dass wir den Willen des HERRN akzeptieren müssen, auch wenn wir ihn nicht verstehen werden. Trotzdem beteten wir oft für ein Wunder. Eine wundersame Heilung, wie sie im Christentum doch so oft vorkommt oder zumindest, dass die Geburt und die folgenden Operationen gut verlaufen würden. Es war eine Zeit, die besonders von Hoffnung geprägt war.

Wir lebten in dieser Zeit eigentlich nur von Ultraschallkontrolle zu Ultraschallkontrolle. Jede zweite Woche fuhren wir ins Universitätsspital Zürich. Da mich Claudio wegen des kursierenden Coronavirus und seinen Einschränkungen nicht mehr begleiten durfte, nahm ich geistig Jesus Christus selbst und unsere Fürbitter mit, die ich bereits erwähnt hatte. Ich war somit geistig nie allein bei den Kontrollen. Jeder Untersuch in Zürich begann mit dem „CTG", der sogenannten Kardiotokographie oder dem Kartiotokogramm. Beim CTG werden die Herztöne aufgezeichnet und die Häufigkeit und Stärke der Wehen kann überwacht werden. Dazu werden zwei Bänder eingesetzt. Eines misst die Herztöne des Kindes, das andere jene der Mutter. Ich kann mich noch gut an jene Kontrolle vom 26. März 2020 erinnern. Gianna war so lebendig und freudig im Bauch, dass die CTG-Aufzeichnung immer wieder starke Bewegungen aufzeichnete. Im Gespräch mit meinem Arzt scherzten wir noch, dass sie wohl ein Fest im Bauch hätte. Auch den Gynäkologen hielt Gianna mit ihrem Bewegungsdrang auf Trab. Der Gynäkologe sagte, er werde im Team und mit den Herzspezialisten in einem interdisziplinären „Board" beraten, ob die Geburt natürlich stattfinden könne oder ob ein Kaiserschnitt geplant werden müsse. Ein Board ist eine Zusammenkunft verschiedener Ärzte, die miteinander die Situation des Patienten besprechen und dann einen gemeinsam Behandlungsplan aufstellen. Bei der nächsten Kontrolle Anfang April würde ich dann erfahren, ob ein Kaiserschnitt nötig sein würde. Nach diesem Arzttermin rief ich Claudio an und er kam direkt vom Zoospaziergang, um mich wieder abzuholen und die positiven Nachrichten zu erfahren. So fuhren wir freudig, aber erwartungsvoll auf die nächste Kontrolle, wieder nach Hause.

Wir informierten auch immer wieder unsere Familie und Freunde, die mit uns beteten und hofften, wie auch an diesem 26. März 2020:

26.03.2020:

Liebe Familie, liebe Freunde

Kriens-USZ Zürich dank Corona-Virus- Ausgangs-beschränkung mit dem Auto in 45Minuten☺ Alles im Leben hat auch was Positives. Wir sind wieder gemeinsam nach Zürich gefahren, doch beim Parkhaus trennte man uns... Claudio wurde gebeten, beim Zoo zu parkieren und durfte nicht mehr in der Eingangshalle des Spitals warten. Beim Eingang musste ich meinen Termin vorweisen und wurden von Masken tragenden Studenten gefragt, ob ich irgendwelche Symptome habe & ob ich wisse, wo mein Termin stattfinde... Auf dem Stock B angekommen wurde ich dasselbe nochmals gefragt. Temperatur: 36.5°C. Nun durfte ich mich anmelden.

Nun: Unser „Bopeli" bewegt sich sehr gut, das Wasser im Pleuraspalt ist stabil bis minim mehr geworden. Das Ziel ist nun, dass Bopeli weiter zunimmt und Reserven anlegt. So sind wir wieder zu Hause bis nächste Woche. Danke für all Eure Gebete & guten Gedanken.

Liebe Grüsse Claudio & Caroline Merlo

Nach und nach wurde dann auch immer mehr klar, was mit Giannas Herz nicht stimmt. Und die Ärzte versuchten, uns auf eine schwierige Operation vorzubereiten. Man zeigte uns etwa auch, wo sich die Kinderintensivstation befindet.

Die genaue Bezeichnung des Herzfehlers aus dem späteren Geburtsbericht lautet wie folgt:

„Heterotaxie-Syndrom: mit komplettem atrioventrikulärem Septumdefekt, d-Transposition der Arterien, schwerer subvalvulärer und valvulärer Pulmunalstenose, Verdacht auf obstruierte total falschmündenden Lungenvenen vom suprakardialen Typ, signifikanter Pleuraerguss rechts."

Diagnosen
31-jährige I Gravida I Para mit
- Spontangeburt über DR I und Labienschürfungen bds
- Protrahierte Austreibungsperiode
- IUFT in der 37 0/7 SSW (02.04.2020)
- LRI 32 1/2 SSW am USZ
- Kind mit Heterotaxie-Syndrom
  - komplettem atrioventrikulärem Septumdefekt
  - d-Transposition der grossen Arterien
  - schwere subvalvuläre und valvuläre Pulmonalstenose
  - Verdacht auf obstruierte total falschmündende Lungenvenen
  - signifikanter Pleuraerguss rechts

Die Gewissheit

In der Woche vom 26. März zum 2. April 2020 – im letzten Schwangerschaftsmonat – hatte ich einmal den Eindruck, ich spürte unsere Gianna nicht mehr so rege wie während der letzten Kontrolle. Ich erzählte dies Claudio und zog ein Schwangerschaftsbuch zu Rat.

In diesem Schwangerschaftsbuch stand, es sei völlig normal, dass man ab der 37. Woche das Kind weniger spürt, weil es beginnt, sich auf die Geburt vorzubereiten. Ich las diese Zeilen auch Claudio vor und wir beide waren beruhigt.

So fuhren wir am 2. April 2020 wieder zur Kontrolle nach Zürich. Der Ablauf war beinahe derselbe wie in der Woche zuvor. Weil Claudio nicht mitkommen durfte fuhr er wieder zum Zoo und ich wartete auf dem Stock B, dass ich für die CTG-Aufnahme aufgerufen werde. Ich wartete und wartete. Niemand holte mich im Warteraum ab und so ging ich hin und fragte, ob sie mich vergessen hätten. Tatsächlich, sie hatten vergessen, mich zur CTG-Aufzeichnung aufzurufen. An diesem Tag hatte mein eigentlicher Gynäkologe Nachtdienst gehabt und so war ich bei seiner Kollegin eingeteilt. Da diese Gynäkologin gerade Zeit hatte, sollte ich zuerst den Ultraschall und danach die CTG-Aufzeichnung machen.

Als erstes teilte sie mir das Ergebnis des interdisziplinären Boards mit. Die Ärzte hätten beschlossen, dass in unserem Fall einen geplanten Kaiserschnitt das Beste wäre. So wären alle beteiligten Ärzte zur richtigen Zeit bereit, um unsere Gianna entgegenzunehmen und sogleich behandeln und operieren zu können. Ich lag auf dem Schragen und dachte: na dann machen wir einen Kaiserschnitt. Klar hätte ich es mir anders gewünscht, aber wenn dies das Beste für unser Kind wäre, dann würde ich das gerne in Kauf nehmen.

Die Ärztin fuhr dann mit der Arbeit fort, strich wie gewohnt Gel für die Ultraschallaufzeichnung auf meinen Bauch, nahm den Ultraschallkopf und begann, auf meinem Bauch hin und her zu fahren. Ich schaute mit ihr auf den Monitor. Alles schien so ruhig. Die Ärztin begann, mich zögernd zu fragen: «Frau Merlo, wann haben sie das Kind zum letzten Mal gut gespürt?» Ich begann zu weinen und dachte nur: also doch, wurde unsere Gianna in den

63

Himmel abberufen! Mit weinerlicher Stimme erzählte ich ihr die Geschichte, wie ich in der Vorwoche weniger Kindsbewegungen spürte und im Schwangerschaftsbuch nachgelesen hätte, dass gegen Ende der Schwangerschaft die Bewegungen zurückgehen würden. Darauf eröffnete mir die Gynäkologin: «Ich kann leider keine Herztätigkeit mehr feststellen.»

Ich wusste, dass ich geistig nicht allein war, hatte ich doch die heiligen Fürbitter dabei. Trotzdem fühlte ich mich in dem Moment ganz allein. Die Oberärztin schien mit der Situation emotional leicht überfordert zu sein. Sie sagte mir, dass ich in diesem Fall natürlich gebären könne und ich dazu auch meinen Mann dazu holen könne. Sie werde mich auf die Gebärabteilung führen. Wo denn mein Mann sei, fragte sie. Ich erzählte ihr, dass er beim Zoo wartet und ich ihm die schlechte Nachricht persönlich sagen möchte. Ich müsse einfach wissen, mit welchen Informationen mein Mann in das Krankenhaus reingelassen werden könne, da er wegen des Coronavirus keinen Zugang bekommen habe.

Die Ärztin führte mich auf die Geburtsabteilung und wies mich an, im Wartezimmer zu bleiben, bis ich abgeholt werden würde.

So wartete ich, weinte, redete mit den Heiligen und fragte diese, wie ich das bloss Claudio erzählen sollte. Als mich länger niemand abholte und ich immer wieder andere, glückliche Schwangere an mir und dem Wartebereich vorbeilaufen sah, läutete ich bei der Anmeldung und fragte, ob ich denn irgendwo ungestört warten könne. Es kam mich dann sogleich eine Hebamme abholen. Sie führte mich ins Gebärzimmer und sagte mir, dass mein Mann problemlos mit der Information, dass die Geburt nun eingeleitet werden würde, ins Spital reinkäme und auf dem Stock B der Gynäkologie dann abgeholt und zu mir gebracht werden würde. Sie fragte mich, ob ich noch etwas brauchen würde. Ich entgegnete ihr, dass ich froh wäre um eine katholische Seelsorge und dass doch diejenige Person die „Heilige Eucharistie" mitbringen solle.

Seit der Nachricht, dass Gianna nicht mehr lebte, war eine gute halbe Stunde vergangen und ich rief endlich Claudio an. Ich konnte mich am Telefon recht gut beherrschen und unser Gespräch war damals in etwa so: «Hallo lieber Schatz, die Geburt wird heute noch eingeleitet, mit dieser Information kommst du ins Spital rein. Auf dem Stock B werden sie dich abholen und zu mir bringen.» Claudio: «Hallo Schatz. Ooh das geht jetzt aber schnell, ok und wie geht es Dir?» Ich: «Es geht so, bis gleich, hab dich lieb.» Claudio: «Ich dich auch, bis gleich.»

Als ich den Raum betrat, in dem Caroline wartete, ahnte ich bereits, was kommen würde. Es war jener Moment, wo alles von mir abfiel: Alle Anspannung, die Ungewissheit – und die Hoffnung. Ich fühlte mich wie erschlagen. Ich war froh und dankbar, dass ich in dieser schweren Stunde bei meiner Frau sein konnte. In den folgenden Stunden wurde dann klar, dass die Todgeburt nicht in Zürich, sondern in Luzern stattfinden würde. Eine Pflegefachfrau teilte uns mit, dass durch den Tod unseres Kindes, der Grund in Zürich zu gebären, nicht mehr bestehe. Wenn wir trotzdem in Zürich gebären würden, könnten sehr hohe Kosten auf uns zukommen, welche wir selbst zahlen müssten. So beschlossen wir, die Geburt im Spital in Luzern zu planen.

Am späteren Nachmittag wurden wir nach Hause geschickt, um uns am Folgetag in Luzern anzumelden. Ab dem Zeitpunkt, als uns der Tod unseres Kindes mitgeteilt wurden, fühlten wir uns wie in einem Film. Er lief ab, ohne dass wir Regie führen konnten. Wir waren nur noch Protagonisten und was folgte, wurde von aussen bestimmt. Zuhause angekommen informierten wir unsere Familien. Das waren die wohl schwierigsten Anrufe, die ich jemals machen musste.

Es waren Momente, die man einfach aushalten musste. Man konnte nicht wählen, ob man das will oder nicht. Man musste es einfach ertragen und aushalten. Rückblickend war die Zeit zwischen der Nachricht, dass Gianna verstorben war und der Geburt von Gianna, die schwierigste, die ich je erlebt habe.

Als Claudio etwa 20 Minuten später das Zimmer betrag, bat ich ihn, sich hinzusetzen. Dann sagte ich ihm unter Tränen: «Schatz, die Geburt wird jetzt ein-geleitet, weil die Ärztin bei unserem Bopeli keine Herztätigkeit mehr feststellen konnte.» Wir weinten beide und trösteten uns gegenseitig.

Rund Dreiviertelstunden später kam dann die diensthabende katholische Seelsorgerin zu uns. Sie hörte uns zu, wir sprachen zusammen und beteten gemeinsam. Sie hatte wie von mir gewünscht Hostien mitgebracht. So beteten wir gemeinsam zum Allerheiligsten in Form der Hostien und „kommunizierten", also assen die Hostien.

Die Seelsorgerin hatte mehrere Hostien dabei und sie vertraute uns danach auch die anderen Hostien mit auf den Weg nach Hause an. Durch unseren Glauben an Jesus Christus in der heiligen Eucharistie waren wir somit nicht allein, was uns extrem Kraft gab.

Zu Hause angekommen informierten wir telefonisch und schriftlich Familie und Freunde, mit folgenden Worten:

> *Liebe Familie, liebe Freunde*
>
> *Danke für all eure Gebete. Wir müssen Euch leider mitteilen, dass bei unserem Bopeli gestern keine Herztätigkeit mehr festgestellt werden konnte. Wir sind unendlich traurig und bereiten uns auf die Totgeburt vor. Nur ein Lazaruswunder kann uns noch helfen. Wer uns schreiben möchte, bitte auf dem Postweg (…).*
>
> *Liebe Grüsse Claudio & Caroline Merlo*

Es lohnt sich, die wunderbare Geschichte von Lazarus in ganzer Länge in der Bibel nachzulesen (Johannes Kapitel 11 Verse 1-44). Lazarus war gestorben und durch Jesus wieder zum Leben erweckt worden. Dieses erhoffte Wunder, die Auferstehung unserer Tochter, ist dann ausgeblieben.

Ich lag abends mit grossem, ruhigen Bauch im Bett neben Claudio. Weinend fragte ich Claudio, warum denn das Kind nicht einfach bei uns bleiben kann. Mir war schon klar, dass ich unser verstorbenes

Kind nicht einfach behalten konnte, aber der Gedanke daran, dass wir kurz vor der Geburt stehen und danach kein Kind pflegen und nach Hause nehmen konnten, zerriss mir das Herz. Wir mussten loslassen. Auch, um damit eine Chance zu haben, wieder ein Kind empfangen zu können, das war klar.

Die Geburt

Am nächsten Morgen, den 3. April 2020, feierten wir von zu Hause aus online die heilige Messe mit. Und da wir immer noch Jesus Christus im Zeichen der konsekrierten Hostie bei uns hatten, konnten wir diese während der heiligen Messe kommunizieren. Dann fuhren wir zur Besprechung ins Luzerner Kantonsspital ins Ambulatorium der Geburtshilfe. Ich kann mich erinnern, dass beim Eingang eine Frau des Sicherheitsdienstes „Securitas" stand, welche sagte, dass sie uns wegen des Coronavirus nicht einfach reinlassen könne. Sie verlangte eine Terminbestätigung. Ich war gerade überhaupt nicht geduldig und gut gelaunt und sagte nur: "Unser Kind im Bauch ist gestorben, lassen sie uns zu unserem Termin herein." Sichtlich geschockt liess sie uns eintreten.

Gerne möchte ich mich jetzt bei der mir unbekannten Securitasangestellten für meine schroffe und lieblose Art entschuldigen. Sie hat damals nur ihre Arbeit gemacht.

Was bei diesem Termin alles besprochen wurde, weiss ich nicht mehr im Detail. Sie fragten uns aber, ob wir bereit wären, die Geburt nun einzuleiten. Mein Mann und ich waren der Meinung, dass das nun passen sollte. So erhielt ich an diesem 3. April 2020 gegen Mittag die erste Tablette, welche meinen Hormonhaushalt auf die Geburt einstellte.

Nach diesem Termin gingen wir nochmals für eine Nacht nach Hause und begaben uns am Folgetag für die Geburt ins Spital. Am Mittag bekam ich dann über eine Venenkanüle weitere Medikamente zur Einleitung der Geburt verabreicht. Wir durften uns in einem Gebärzimmer aufhalten, da auch Mittag- und Abendessen einnehmen und dort auch übernachten. Auch für Claudio stand eine Couch bereit.

Ab diesem Zeitpunkt kamen die Hebammen regelmässig zur Kontrolle vorbei. Als eine der Hebammen mit Utensilien zur Messung der Herzströme und der Wehen kam, stutzte ich einen Augenblick. Bei den bisherigen CTG- Aufzeichnungen wurden immer zwei CTG-Bänder benutzt. Sie brachte aber nur ein Bandset für Wehen- und Herzabnehmer mit. Einen Moment lang fragte ich mich, warum sie kein zweites CTG-Set mitbrachte, bis ich wieder Tränen in die Augen bekam und realisierte: dein Kindlein ist im Bauch gestorben, es können gar keine Herztöne mehr aufgezeichnet werden.

Die ersten feinen, zusammenziehenden Bewegungen, die Kontraktionen der Gebärmutter, spürte ich ab etwa 14 Uhr, die dann stetig immer stärker wurden. Gegen 19 Uhr waren die Kontraktionen schon stark und ohne Pausen. Da ich mich während den Kontraktionen nicht mehr erholen konnte, entschied ich mich, eine Anästhesie der Rückennerven, welche den Bauchraum versorgen, eine sogenannte „PDA", zu verlangen. Diese nahm mir die Schmerzen und ermöglichten wieder Pausen zwischen den

Kontraktionen. Die PDA war eine Erleichterung, obwohl sie einmal verrutschte und ein Anästhesist sie ein zweites Mal legen musste.

Bei einer Geburt mit einem lebendigen Kind kann auch das Kind mit Hormonen und seinen Bewegungen beim Geburtsverlauf mithelfen. Eingeleitete Geburten, hörte ich, seien wegen der Medikamentengabe länger und die Kontraktionen stärker. Dazu gibt es bestimmt Statistiken. Auf Statistiken verzichte ich jedoch gerne, denn auch ich vertraue keiner Statistik, die ich nicht selbst gefälscht habe – was man im Studium nicht alles so lernt. Dabei musste ich lächeln.

Für mich war nun wichtig, dass ich die Geburt unserer Tochter in guter Erinnerung behalten werde. Die Hebammen waren alle sehr einfühlsam und zuvorkommend. Nach der Korrektur der PDA-Anästhesie mitten in der Nacht konnte ich immer wieder etwas dösen. Die Pausen zwischen den Kontraktionen waren wieder etwas länger und erholsamer. Beim Dösen unterbrochen wurde ich nur bei stärkeren Kontraktionen und wenn die Hebammen kamen, um mich beim Urinlösen zu unterstützen. Durch die Anästhesie im Rücken, konnte ich nicht auf die Toilette und spürte auch weniger, wann meine Blase wirklich voll war.

Gegen Morgen des Palmsonntags, den 5. April 2020, ging dann plötzlich die Fruchtblase auf und die Kontraktionen wurden wieder stärker. Gegen neun Uhr kam dann endlich unser ersehntes Kind zur Welt. Ich weiss noch, dass ich sogleich erschöpft und traurig fragte: „Was esches?", das heisst: „was für ein Geschlecht hat unser Kind, was ist es?" Ein Mädchen, sagten mir mein Mann und die Hebammen. Gianna Maria, schön dass du da bist. Es war eine ruhige, schöne Atmosphäre. Zu ruhig. Hätten wir doch so gerne Gianna schreien gehört. Doch das erhoffte Wunder blieb aus.

Claudio durfte die Nabelschnur durchtrennen und so konnten wir unsere Gianna in den Arm nehmen, baden und bestaunen.

Als wir am 4. April 2020 erneut ins LUKS kamen, fühlte es sich an wie das Einbiegen auf die Zielgerade eines Marathons. Unsere Reise mit Gianna startete vor etwas mehr als acht Monaten. Nun war es endlich so weit, die Geburt nahte. Um diesen Moment hat sich in den letzten Monaten alles gedreht, und doch ist alles anders als erhofft. Es wird kein Kinderschreien ertönen nach der Geburt. Es wird eine stille Geburt.

Von den Hebammen wurden wir hervorragend betreut. Sie waren freundlich, verständnisvoll und irgendwie ganz normal. Sie behandelten uns, als ob es das Normalste wäre, was uns widerfahren sei. Es fühlte sich richtig gut an, so normal behandelt zu werden. Und dies bezog sich nicht nur auf eine oder zwei Hebammen. Nein, da wir von Samstag auf Sonntag gebaren, wurden wir von mehreren Pflegekräften betreut. Es war trotz allem eine sehr schöne Erfahrung, die Geburt unserer ersten Tochter zu erleben.

Klar waren auch diese Stunden lange und ich war nervös und angespannt. Der Moment, in dem die Fruchtblase platzte, war wunderbar. Ich erschrak zwar ein wenig, als dies geschah, aber jetzt war es so weit. Zuerst war der Kopf zu sehen und es war einfach nur schön. Langsam kam Gianna auf die Welt. Endlich wussten wir, dass wir ein Mädchen bekamen. Wir konnten sie halten und zu uns nehmen. Wir konnten uns zusammen freuen und trauern.

Auch in diesem Moment und in den folgenden Tagen fühlt man sich wie in einem Film. Der Ablauf wird fremdbestimmt und man muss einfach funktionieren und die nächsten Schritte absolvieren. Ich fühlte mich ab jenem Zeitpunkt, als wir vom Tod unserer Tochter erfuhren und besonders nach der Geburt in Luzern besonders stark getragen. Als ob ich ein wenig über dem Boden schweben würde. Ich bin überzeugt, dass wir in dieser Zeit vom Gebet unserer Familien und Freunden unterstützt wurden. Ohne diese Unterstützung wäre es viel schwieriger gewesen, all dies zu ertragen. Vielen Dank an alle, die für Gianna gebetet und an uns gedacht haben.

Das erste Familienfoto, das die Hebamme direkt nach der Geburt von uns machte.

„Liebe Familie, liebe Freunde

Unsere liebe Tochter Gianna Maria ist heute Morgen um kurz vor 9 Uhr zur Welt gekommen. 2700g und 49cm. Sie ist bereits vor einigen Tagen im Mutterleib verstorben, weil ihr kleines Herz aufgehört hat zu schlagen. Wir wussten ja schon seit längerem, dass sie schwere Herzfehler hatte und dass es einen schwierigen Start ins Leben geben würde. Dennoch hofften wir immer das Beste für unser Bopeli. Gianna ist jetzt im Himmel bei Gott und den Engeln. In tiefer Trauer versuchen wir das Erlebte zu verarbeiten. Wir durften eine schöne Schwangerschaft mit viel Freude erleben und so möchten wir unsere Gianna mit einem Lächeln in Erinnerung behalten. Für eure guten Wünsche, Gedanken und Gebete danken wir euch sehr!

Liebe Grüsse Claudio & Caroline Merlo"

Ein Priester aus der Stadt Luzern, den wir gut kannten, wurde extra angefragt, zu uns zu kommen. Am Nachmittag des Palmsonntags durften wir ihn zum gemeinsamen Gebet und Gespräch bei uns im Spital begrüssen. Leider ohne tröstende Umarmung und mit Maske wegen Covid.

Es gibt Fotografen, die haben sich auf Familienfotos mit schwerkranken oder totgeborenen Kindern spezialisiert. Der Verein „Herzensbilder" vermittelt in der Schweiz beispielsweise solche Fotografen. Weil jedoch wegen des Coronavirus keine Besucher und Fotografen im Spital erlaubt waren, schossen wir und die Hebammen die Fotos selbst. Wir hatten dazu extra die gute Fotokamera mitgenommen. Es sind unsere ersten Familienbilder, die einzigen Bilder von Gianna, welche uns deshalb unglaublich wertvoll sind.

Das erste Familienfoto zusammen mit Gianna steht heute noch in unserer Wohnung. Ich wurde schon mehrfach darauf angesprochen, dass ich auf dem Foto gar nicht aussehen würde, als hätte ich gerade ein Kind tot geboren. Dann denke ich an jenen Moment zurück, als wir die Bilder schossen. Mir war wichtig, dass auf dem Foto nicht nur unsere Trauer zu sehen sein sollte. Wir haben versucht, trotz den Umständen heiter zu schauen – das muss es sein, was Menschen auf dem Foto sehen. Ja, wir wollten ein schönes und trotz der Trauer frohes erstes Familienfoto haben.

Wir durften noch eine Nacht zusammen mit Gianna im Spital verbringen. Zum Glück hatten wir das Zimmer für uns und so konnten wir uns in Ruhe von Gianna verabschieden. Ich fand keinen tiefen Schlaf in dieser Nacht. Immerzu hoffte ich, wegen Giannas Weinen geweckt zu werden und sie endlich stillen zu können!

Am Montagnachmittag verabschiedenden wir uns von Gianna. In jenem Moment, als ich den Patientenruf drückte, die Hebamme kam und ich ihr sagen musste, dass sie unsere Gianna nun in den Kühlraum mitnehmen könne, zerriss es mir und auch Claudio das Herz. Nun wurde mir deutlich bewusst, dass das ersehnte und erhoffte Lazaruswunder weder in der Nacht noch jetzt am Tag eingetreten ist. Ich weinte. Die Hoffnung auf ein gemeinsames Leben mit Gianna auf dieser Erde war endgültig gestorben.

Die Beerdigung

Giannas Beerdigung fand am Ostermontag statt, mitten im Corona-Lockdown. Die Beerdigung durfte daher nur im engsten Familienkreis stattfinden. Dreizehn Menschen waren dabei: Unsere Familien, die Paten, wir, der Sakristan und der Priester. Ohne Umarmungen, dafür mit 1.5 Meter Abstand zueinander. Ohne Beerdigungsgottesdienst. Ohne anschliessendem Leichenmahl. Ohne anschliessendem Zusammensitzen. Ohne weitere Freunde.

Für die Beerdigung hatten wir einen befreundeten Priester angefragt. Er hatte sie sehr schön, gehaltvoll, lange und mit schönen Gebeten gestaltet.

Er hatte erkannt, dass gerade wegen den vielen Einschränkungen eine ausgedehnte Beerdigung auf dem Friedhof für uns und unseren Trauerprozess umso wichtiger ist.

Nach dem Lockdown dachten wir darüber nach, einen richtigen Trauergottesdienst nachzufeiern. Dieser hätte aber erst einige Monate nach Giannas Tod stattfinden dürfen, deshalb liessen wir es bleiben.

Der „Engelskorb" ist eine Art Sarg für verstorbene Säuglinge. Darin hatten wir unsere Gianna für die Aufbahrung und Beerdigung eingebettet.

Das Grab direkt nach der Beerdigung.

83

Der Engelskorb im Aufbahrungsraum.

Als wir uns nach der Beerdigung von allen verabschiedet hatten, gingen Claudio und ich nochmals
zum Grab. Der Sakristan war gerade dabei, das

Grab mit Giannas Leichnam im Engelskorb zuzu-
schaufeln und so schauten wir ihm dabei zu.

Mir hat dies geholfen, anzunehmen, dass Gott nicht
den Weg des Wunders der Totenerweckung gewählt hatte.

Das Grab mit dem definitiven Grabstein.

3. Von der Trauer und dem Wunsch, verstanden zu werden

Trauern

«Trauern heisst: sich erinnern, was war und nie mehr sein wird.» (Schärer-Santschi, 2012). Dieser Satz bringt für mich das Trauern auf den Punkt. Ebenfalls gut in Worte gefasst ist der Anfang aus einem Artikel, der in der Zeitschrift palliative.ch (2-2013) erschienen ist:

«Trauern betrifft den Menschen in seinem ganzen Dasein. Jede Person trauert auf ihre persönliche Weise und durchlebt eine Trauerzeit, die unterschiedlich lang sein kann. Trauer ergreift den ganzen Menschen in all seinen Dimensionen: körperlich, psychisch, sozial und religiös/spirituell. Wie ein Mensch trauert, ist beeinflusst von verschiedenen Faktoren wie Persönlichkeit, Alter, Geschlecht, Religion, Kultur und sozialem Umfeld. Im Trauern lernt der Mensch, sich vom Bestehenden zu verabschieden, Erlebtes durch Erinnern ins Leben zu integrieren und sich neu zu orientieren in einer Welt ohne den geliebten Menschen."

Zur Trauer gibt es viele nützliche Erklärungsmodelle, auf welche ich in diesem Buch nicht näher eingehen werde.

Mein Mann sagte oft, dass er anders um Gianna trauerte als ich. Weniger emotional, weil für Männer das Vatersein und damit die Lebensumstellung erst ab der Geburt beginne. Klar habe er mitbekommen, wie mein Bauch wächst und ich von Schwangerschaftsbeschwerden berichtete. Und gegen Ende hat er immer wieder mal einen Tritt gespürt, wenn er meinen Bauch streichelte. Dies sind äusserliche Veränderungen und betreffen nicht seinen Körper. Doch für uns Frauen ist spätestens ab Ausbleiben der Menstruation alles anders, weil sich unser Körper auf das neue Leben einzustellen beginnt.

Ich denke, da ist etwas Wahres dran. Deshalb trauern wohl Männer und Frauen bei einem Verlust des noch ungeborenen Kindes unterschiedlich.

Ich habe kurz nach Giannas Geburt gemerkt, dass ich im Trauern einen Rahmen brauchte. Konnten wir ja wegen des ersten Covid-Lockdowns weder Besuch erhalten noch Gottesdienste besuchen. Alles Rituale, die mir zu trauern geholfen hätten. Ich schrieb in ein kleines Büchlein, welches uns das Spital mitgab, folgende Gedanken auf:

Karfreitag, 10.04.2020: Meine liebste Gianna Maria, eben war ich auf einem der Spaziergänge, die wir in den letzten Wochen gemeinsam machten – damals stützte ich dich im Bauch beim Laufen. Wie gerne hätte ich dich heute im Kinderwagen hoch und runter geschoben. Ich hätte dir die schönen Kühe, Blumen und das Schlösschen gezeigt oder wir hätten wieder Jesus in der Galluskirche besucht. Papa und ich vermissen dich so sehr! Wir hätten dich so gerne auf Wanderungen mitgenommen, dir die Schönheit der Natur gezeigt. Doch Gott hatte einen anderen Plan. Im Moment bin ich Gott dankbar, dass er dir die vorhergesagten Herzoperationen und lebensunterstützenden Massnahmen erspart hat. Auch da hätten wir täglich um dein Leben bangen müssen.

Und trotzdem tut es beinah unendlich weh, dass wir dich so früh loslassen müssen. Es fällt mir sehr schwer, mich auf die heiligen drei Tage – den Karfreitag, Karsamstag und Ostersonntag – einzustellen, weil in meinem Herzen schon seit über einer Woche nur Karfreitag herrscht. Wir haben dich früh der Muttergottes anvertraut und ich hoffe und vertraue sehr, dass sie dich nun in den Armen hält und liebkost für uns. Sie ist unsere himmlische Mutter. Liebe Gianna, ich liebe dich und werde dich immer vermissen! Deine Mama

Ostersonntag, 12.04.2020: Morgen ist deine Beerdigung, mein liebes Kind, liebe Gianna. Welches Lied hättest du wohl für die Beisetzung ausgewählt? Wahrscheinlich ein fröhliches, besinnliches, mit Blick auf den Himmel. Vielleicht «unsere wahre Heimat ist im Himmel»?
«Tränen, Weinen ist kein Heulen – es sind Liebestränen, die irgendeinmal zu Perlen werden.» Telefonzitat einer lieben Bekannten.

«Wenn Kinder klein sind, gib ihnen Wurzeln, wenn sie gross sind, gib ihnen Flügel.» Spruch Herkunft unbekannt.

«Ihr habt nun Eurem kleinen Schatz schon ganz früh Flügel geben müssen...» aus einer Beileidskarte.

20.04.2020: Gestern vor zwei Wochen bist du geboren und gesegnet worden und vor einer Woche mussten wir dich zu Grabe tragen. Gianna Maria, ich bin traurig, weil du mir sehr fehlst. Wir hoffen und vertrauen fest, dass du in den Armen Gottes ruhst, im Himmel bist, von der Dreifaltigkeit und der Muttergottes liebgekost, weil wir das nun nicht können. Wir lieben dich Gianna,
du gehörst für immer zu unserer Familie. Mama und Papa, der gerade wieder Homeoffice machen muss.

23.04.2020: Dein Papa hat mir gesagt, wie die Engel im Himmel hättest du Flügel erhalten und heute deine „Flugprüfung". Eine fröhliche Vorstellung, Dich durch den Himmel „fliegen" zu sehen, wobei ich überzeugt bin, dass du dafür nicht mal Flügel bräuchtest. Flügel geben, für mich eine Metapher fürs Loslassen. Ja, heute wäre auf Erden dein provisorisch festgelegter Geburtstermin gewesen. Ich vermisse dich sehr und umarme dich geistig ganz fest.

28.04.2020: Eine liebe Freundin hat mich heute darauf aufmerksam gemacht, dass du heute Namenstag hast. Deine Namenspatronin, die heilige Gianna Beretta Molla, ist am 28.04.1962 gestorben.

Sonntag, 03.05.2020: Vor vier Wochen bist Du geboren. Heute waren Papa und ich bei Dir auf dem Friedhof. Wir vermissen dich und hoffen, dass du bei Jesus ruhst. Er ist der gute Hirte und heute ist der Guthirtsonntag.

Sonntag, 10.05.2020: Gotti hat Geburtstag und heute ist auch Muttertag. Dank Dir, Gianna, sind wir Papa und Mama! Wir freuen uns und sind traurig, weil du nicht bei uns sein kannst. Wir lieben dich.

12.05.2020: Ich vermisse dich, meine liebe Gianna. Heute habe ich deine Geburtskarten fertig geschrieben und abgeschickt. Gestern war ich zum ersten Mal in der „Trauerbegleitung" in Hochdorf. Zu weinen hat mir gutgetan.

01.06.2020: Heute habe ich mit Gotti telefoniert. Dein Cousin, viereinhalbjährig, hat mich gefragt, wann du wieder „förä", also hervorkommen würdest. Ich musste ihm unter Tränen sagen, dass das nicht in unserer Zeit hier auf Erden sein wird.

03.07.2020: Vier sehr anstrengende Wochen liegen hinter Papa und mir. Unsere neue Wohnung haben wir gestrichen, Küche und Balkon frisch gefliest, geputzt. Auch der Umzug in die neue Wohnung liegt bereits hinter uns. Die alte Wohnung, wo wir drei wohnten, haben wir gestern vor einer Woche abgegeben. Das war emotional anstrengend. Ich bin froh, ist dein Körper nun so nah an unserem neuen Wohnort auf dem Friedhof, so kann ich Dich oft besuchen. Ich vermisse Dich!

Datum unbekannt: Am letzten Montag, Dienstag musste ich wieder viel weinen und ich habe dich riesig vermisst. Wir vertrauen darauf, dich im Himmel in die Arme schliessen zu können. Ich habe dich lieb und hoffe, dass dir der Schmetterling und das Windrad, die ich dir auf den Friedhof brachte, gefallen?

Das Niederschreiben von Notizen, Gedanken und Gespräche mit Gianna hat mir in den ersten drei Monaten viel geholfen, die Trauer zu verarbeiten, obwohl ich überhaupt nicht die geborene Tagebuchschreiberin bin.

Als ich kurz nach der Geburt auf einem meiner gewohnten Spaziergänge war und an Gianna dachte, tat sich mir plötzlich der Himmel auf:

Ich war sicher, dass dieses Wolkenherz am Himmel eine Art „Umarmung" von Gianna für mich war.

Der Verein „Kindsverlust" hatte Kurse zur Trauerbegleitung ausgeschrieben mit dem Titel: „Begleitete Gesprächsgruppen, Weiterleben nach dem Verlust eines Kindes; für Eltern von früh verstorbenen Kindern". Normalerweise finden diese Kurse mit anderen Paaren zusammen statt, doch wegen der Coronapandemie waren wir mit der Trauerbegleiterin alleine. Zur ersten Sitzung ging ich ohne Claudio hin. Ab der zweiten bis zur vierten Sitzung war auch er dabei.

Bei der ersten Sitzung erzählte ich von der stillen Geburt und brach in Tränen aus. Es war ein erster, heilsamer Schritt über das Erlebte zu reden, jemandem davon erzählen zu können und weinen zu dürfen.

Durch diesen Kurs konnte ich auch den Charakter von Gianna für mich greifbar machen. Wir begannen meist mit einem kleinen Standbild mit Figuren, welches zeigte, wie wir uns gerade fühlen, respektive was uns mit unserer Tochter gerade verbindet:

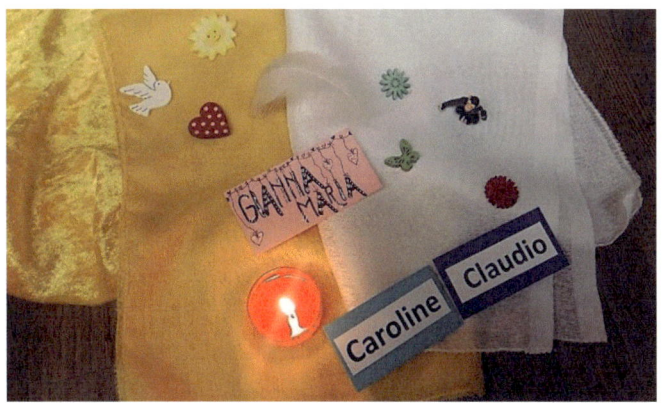

Ich nahm oft die Symbole der Taube, des Herzens, der Feder, der Blumen, des Schmetterlings und der Sonne als Zeichen dafür, dass Gianna nun an einem schönen, friedlichen Ort ist, wo es ihr unglaublich gut geht und sie geliebt ist.

Das Symbol des Affen war auch oft dabei, weil sich Gianna im Bauch viel bewegte, besonders beim Ultraschall in der Woche bevor sie starb. So steht das Äffchen für ihre aktive und aufgeweckte Art im Bauch. Es schien mir, dass sie auch ein lebendiges Gemüt im Himmel hat.

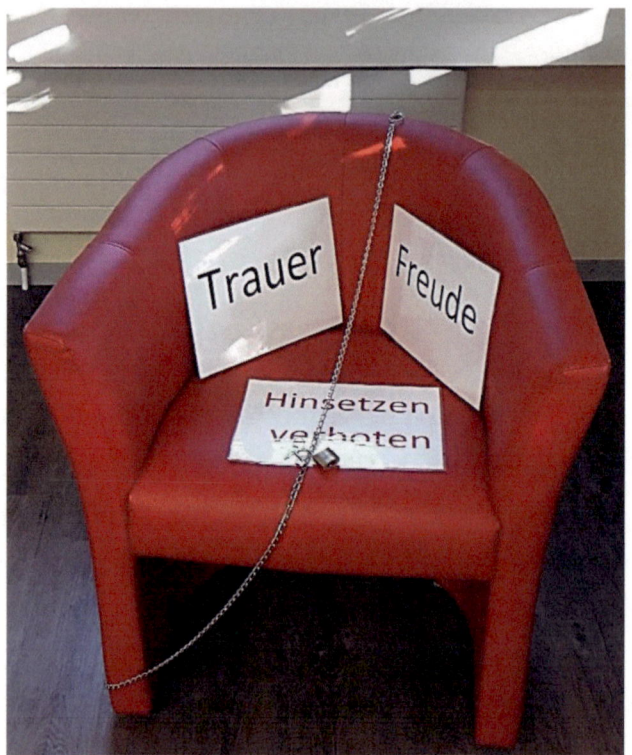

Im Raum stand ein Sessel und darauf die Worte „Freude" und „Trauer". Der Sessel war mit einer grossen Kette verschlossen nach dem Motto: Hinsetzen verboten!

Dieses Bild blieb mir sehr.

Es lässt sich auf alle Menschen übertragen, welche sich in einer scheinbar sehr traurigen Situation befinden. Für mich war es wichtig zu merken, dass ich sowohl Trauer wie auch Freude haben darf.

Von einigen Menschen im Umfeld bekamen wir solche „Sessel", in Sätzen wie:

Schau vorwärts, ihr seid noch jung und könnt immer noch Kinder kriegen.

Vielleicht klappt es das nächste Mal….

Vielleicht musst du eine Psychotherapie beginnen, um dieses Trauma verarbeiten zu können…

Wie geht es euch… tut mir leid, ist vielleicht eine doofe Frage. Wie soll es einem schon gehen, wenn man das Kind verloren hat….

Ich habe dann versucht, die Menschen abzuholen. Mal gelang es mir gut und ich reagierte ausgewogen, mal weniger gut und ich entgegnete emotional. Denn obwohl unsere Tochter gestorben ist, können wir auch Freude und Dankbarkeit empfinden. Dankbarkeit für die Zeit, die wir mit ihr in der Schwangerschaft hatten. Dankbarkeit und Freude, dass sie nicht leiden musste, sondern geborgen voller liebe in meinem Bauch sterben konnte und nicht auf einem kalten OP-Tisch irgendwo im Universitätsspital Zürich. Und nein, ich brauche momentan keine Therapie, sondern ein mir nahestehender Mensch, der mit mir die Situation aushält. Einen Menschen, der mich mal weinen lassen kann und mich in die Arme nimmt.

Am letzten Abend des Trauerkurses gestalteten mein Mann und ich ein Bild, welches heute bei uns in der Wohnung hängt. Mitten in diesem Bild haben wir die Kindermütze, die ich extra für Gianna gestrickt hatte, hineingeklebt.

Ich hätte diese Mütze nie einem anderen Kind geben können. Ebenfalls in unserer Wohnung haben wir eine Ecke mit der Geburtskarte von Gianna, eine mit ihrem Namen verzierte Kerze sowie Gegenstände, die wir mit Gianna verbinden (unter anderem auch aus dem Trauerkurs).

Wahrscheinlich half uns auch unsere neue Wohnung, die wir gekauft hatten, die Trauer zu verarbeiten. Wir wollten noch eine neue Küche einbauen lassen und vorher den Boden in der Küche und auf dem Balkon neu mit Bodenplatten verlegen, sowie die ganze Wohnung neu streichen. Durch den Mutterschaftsurlaub ohne lebendes Kind hatte ich nun genügend Zeit, mich dem hinzugeben. So ging ich während des Mutterschaftsurlaubs oft Handwerkern die Wohnung öffnen, ich legte die ganze Wohnung zum Streichen mit Schutzabdeckungen aus und als mein Mann Claudio fertig gestrichen hatte und alles trocken war, nahm ich die ganze Schutzabdeckung wieder herunter. Draussen auf dem Balkon hatten wir auch zwei lange, mit Erde gefüllte Betonbete. Auch für diese war ich zuständig. Ich trug gut dreihundert Liter alte Erde aus diesen Beten ab und ersetzte sie mit neuer, frischer Erde. Mir tat es gut, trotz Mutterschaftsurlaub für die Koordination der Handwerker zuständig zu sein und im Umbau mitzuhelfen. Auch für meinen Mann waren die Wohnung und der Umbau heilend. Es war für mich zum einen das körperlich tätig sein, währenddessen ich in Gedanken das Erlebte zu verarbeiten begann. Zum anderen füllte es die Lücke, die entstanden war. Hatte ich doch Mutterschaftsurlaub aber kein Kind, um welches ich mich kümmern konnte.

Dass ich mich um die Organisation und die Gestaltung des Grabsteines kümmern konnte, hat mir auch geholfen. Anstatt Windeln zu wechseln und zu stillen, habe ich dann das Grab gestaltet, Blumen angepflanzt und ich suchte einen passenden Grabstein aus. Ich habe auch die Skizze gezeichnet, nach welcher dann der Grabstein verziert wurde (siehe das Bild auf dem Grabstein auf Seite 85 und auf dem Buchtitelbild).

Auf dem Grab haben wir ein leeres Steinherz hingestellt, in welches unsere Freunde einen bemalten

Stein reinlegen durften. Auch die verschiedenen Steine der Freunde half mir, zu trauern.

Stirbt ein Kind in der frühen Schwangerschaft als Fehlgeburt oder wie bei mir gar als Totgeburt, reagieren Menschen oft mit Vertröstungen. «Du bist ja noch jung und kannst immer noch ein Kind bekommen.» Oder: «Bei der nächsten Schwangerschaft funktioniert es bestimmt.» Diese Worte sind gut gemeint, weil man das Gegenübertrösten möchte und auf die guten Seiten der Situation fokussieren möchte. Aber sie verletzen eher, als dass sie helfen. Wenn ich heute gefragt werde, ob ich Kinder habe, kommt es ganz auf meine aktuelle Gemütslage an. Ich wurde zwischenzeitlich noch mehrmals schwanger und durfte eine Tochter und einen Sohn gebären. Je nach Situation scheint es mir nicht angebracht, die Situation zu erläutern. Eigentlich möchte ich immer sagen: «Ja, ich habe zwei Töchter, einen Sohn und ein fehlgeborenes Kind. Nach Gianna hatte ich eine Fehlgeburt, das heisst, das erste und das dritte Kind sind bereits im Himmel". Aber dazu benötige ich einen geschützten Rahmen mit Raum und Zeit, um näher auf die Erlebnisse eingehen zu können. Unter Zeitdruck, im Plenum oder in einem lauten Umfeld erscheint es mir nicht würdig zu sein, dies anzusprechen. Für mich ist es grundsätzlich wichtig, über meine verstorbene Tochter Gianna und auch das fehlgeborene Kind Agniello - reden zu können. Ihnen ihren Platz zu geben, auch vor anderen Menschen. Gianna wie auch Agniello sind für mich real, geistig da und existieren. Sie sind im Himmel, so verdanke ich es meinem Glauben. Es reicht mir schon, dass sie leiblich gestorben sind und deshalb will ich sie nicht totschweigen.

Verstanden werden – oder selbst verstehen?

Mein Wunsch nach Giannas Totgeburt verstanden und getröstet zu werden, vor allem von meiner engsten Familie, war völlig normal und menschlich. Dass dies nicht immer ganz gelang, empfinde ich auch als normal. Mein Wunsch erinnerte mich an ein Gebet, welches dem heiligen Franziskus von

Assisi zugeschrieben wird. Es wird „Friedensgebet" oder „Werkzeug des Friedens" genannt.

Ich kannte das Gebet schon vorher, doch besonders in dieser Zeit merkte ich, wie wahr dessen Inhalt ist und dass ich das Gebet konkret in meinem Leben anwenden konnte. Im Gebet geht es etwa darum, dass es wichtiger ist, dass ich die Menschen verstehe, statt selbst verstanden zu werden. Denn zu verstehen, dass Menschen unterschiedlich sind und nicht unbedingt wissen, wie sie mir in meiner Trauer um meine Tochter begegnen sollen, half auch mir, wieder ruhiger und liebevoller zu werden. Liebevoller zu sein und vor allem nicht zu viel zu erwarten oder gar Andere zu verurteilen, wenn sie sich anders verhalten haben, als man es sich gewünscht hätte. Das Gebet hat mir geholfen, solche Situationen gelassener anzunehmen.

Es lohnt sich, dieses Gebet im Alltag zu verinnerlichen.

Werkzeug des Friedens (Heiliger Franziskus von Assisi)

Herr, mach mich zu einem Werkzeug Deines Friedens,

dass ich liebe, wo man hasst;

dass ich verzeihe, wo man beleidigt;

dass ich verbinde, wo Streit ist;

dass ich die Wahrheit sage, wo Irrtum ist;

dass ich Glauben bringe, wo Zweifel droht;

dass ich Hoffnung wecke, wo Verzweiflung quält;

dass ich Licht entzünde, wo Finsternis regiert;

dass ich Freude bringe, wo der Kummer wohnt.

Herr, lass mich trachten, nicht, dass ich getröstet werde,

sondern dass ich tröste;

nicht, dass ich verstanden werde, sondern dass ich verstehe; nicht, dass ich geliebt werde, sondern dass ich liebe.

Denn wer sich hingibt, der empfängt; wer sich selbst vergisst, der findet; wer verzeiht, dem wird verziehen; und wer stirbt, der erwacht zum ewigen Leben.

Amen

Quelle: Don Isenegger, P. (2016). Primary Bätbüechli.

Menschen begegnen

Die Nachricht, dass ein Kind tot geboren wurde, macht üblicherweise schnell die Runde. Wie also begegne ich Menschen, welche einen solchen oder ähnlichen Schicksalsschlag erleiden mussten?

Mir hat es geholfen, wenn Bekannte und Verwandte mir geschrieben, angerufen haben und sagten…

- Es tut mir sehr leid.
- Ich weiss nicht, was ich sagen kann.
- Ich weiss nicht, wie ich Dich trösten soll.
- In Gedanken sind wir bei Euch.
- Meldet Euch, wenn wir was tun können.
- Ich kann nicht nachempfinden, wie ihr euch gerade fühlt.

Gerade während des erstens Lockdowns war trauern besonders schwierig. Wir erhielten dennoch angekündigte Besuche.

Einige schickten uns Blumen mit dem Absender darauf. Nach etwa fünf Blumensträussen im gleichen Zeitraum, war ich dann aber froh, als jemand stattdessen einen Blumengutschein schickte, den wir dann zu einem späteren Zeitpunkt einsetzen konnten. Blumen als Trost hat meinen Mann weniger angesprochen. Frauen und Männer, jede einzelne Person, trauert unterschiedlich.

Das Allerwichtigste war für mich, dem trauernden Menschen gegenüber zuzugeben, dass man nicht die richtigen Worte findet, Unvermögen einzugestehen, nicht zu wissen, was man tun oder sagen soll und kann.

Auch, dass man in Gedanken und im Gebet bei uns ist, hat uns sehr geholfen. Ebenso hilfreich war es, mit uns zusammen die Situation auszuhalten und sie anzunehmen. Aber auch uns Raum zum trauern zu lassen, auf unsere persönliche Art und Weise, war enorm hilfreich.

Dagegen, wie bereits erwähnt, sollte man wirklich auf Ratschläge verzichten. Denn wie ein Sprichwort sagt, kamen auch bei uns gut gemeinte Ratschläge eher als Schläge an. Ich musste mir bei solchen Ratschlägen bewusst sagen, dass der Absender einfach nicht die für mich passenden Worte gefunden hat.

Ebenso empfehle ich, dass man, gerade wenn man erst einige Zeit später das entsprechende Paar wieder trifft, die Situation anspricht und dem verstorbenen Kind Raum gibt. Wir erlebten beides, Bekannte, welche das Thema vermieden und Solche, die Gianna ansprachen. Über den Verlust unserer Tochter zu schweigen, verletzte mich. Mehr und mehr möchte ich, dass unsere Gianna ihren geistigen Platz in unserer Familie hat und auch, dass von ihr gesprochen wird. Unsere Gianna, ihre Seele lebt, nur ihr Körper ist gestorben.

Gott ist kein Automat

Warum hatte Gianna diesen schweren Herzfehler? Warum musste sie daran sterben? Warum ist kein Wunder eingetreten? Wir und so viele Familienmitglieder und Freunde hatten doch gebetet und mit uns gehofft. Waren es die falschen Gebete? Hatte ich selbst zu wenig gebetet? Alles Fragen, die ich mir stellte. Fragen, die ganz menschlich sind. Fragen, die schliesslich auf die Sinnfrage des Lebens und die grosse Frage, warum wir Menschen überhaupt Leid erfahren müssen, hinführen. Aber immer mehr lerne ich, dass nicht das „warum" wichtig ist, sondern das „wozu". Auf das „warum" findet man vielleicht nie eine Antwort, aber das „wozu" kann man mit der Zeit selbst füllen. Wozu das Ganze? In meinem Falle vielleicht, um ein Buch zu schreiben. Um anderen Müttern und Vätern trotz schwerer Diagnose in den vorgeburtlichen Untersuchungen zu ermutigen, den Weg für das Leben, für ihr Kind zu gehen?

Wenn ich in der Bibel lese, dann stechen für mich folgende Worte heraus:
«Wir wissen, dass Gott bei denen, die ihn lieben, alles zum Guten führt, bei denen, die nach seinem ewigen Plan berufen sind; (…)» (Römer 8.28).
Daraus schöpfe ich Kraft, dass auch die stille Geburt und Giannas kurzes Leben etwas „Gutes" hat. Was dieses „Gute" ist und wem es konkret zuteilwird oder zuteilwurde sehe ich noch nicht. Vielleicht betet Gianna im Himmel für uns Zurückgebliebenen und legt Fürbitte ein, dass wir auch dahin kommen?

«Meine Gedanken sind nicht eure Gedanken, und eure Wege sind nicht meine Wege - Spruch des Herrn. So hoch der Himmel über der Erde ist, so hoch erhaben sind meine Wege über eure Wege und meine Gedanken über eure Gedanken» (Jesaja 55,8-9).

Gott ist kein Automat, wie jene Verpflegungsautomaten, die man etwa an Bahnhöfen antrifft. Oben wirft man Geld rein, wählt, was man möchte, und unten kommt das Produkt raus. Nur weil ich eine Vorstellung habe, wie etwas sein sollte, mir dies wünsche und erhoffe, heisst es nicht, dass es zwangsläufig so herauskommt. Und das ist gut so. Gottes Gedanken, Wünsche und Weitsicht gehen weit über meine Sicht hinaus. Bin ich doch nur ein kleines Menschlein das, wenn es hochkommt, 80 Jahre lebt. Gott ist so viel grösser als wir. So sind diese Verse für mich die Erklärung, dass Gott noch viel mehr Gutes und Grösseres bewirkt, auch aus scheinbar Traurigem, als wir Menschen erahnen können.

Da unsere Gianna schon im Mutterleib sterben musste, könnte auch Gottes Antwort auf unsere Gebete sein: Denn so musste sie nicht fernab der Eltern auf einem kalten OP-Tisch leiden und den Kampf ums Leben verlieren. So verstarb sie geborgen, voller Liebe und Ruhe, in meinem Bauch.

Neulich las ich von einer Mutter, welche auch ihr Kind tot gebären musste, dass ihr Bauch zum „Grab" ihres Kindes geworden sei. Darüber musste ich länger nachdenken. Und ich kam für mich zu einem anderen Schluss. Das „Grab" ist für mich zu negativ behaftet. Aus meinem Glauben heraus bin ich überzeugt, dass es nach dem Tod weitergeht. Und Gianna sowie Agniello konnten hier auf Erden noch keine Fehler machen. So möchte ich mich lieber am Gedanken festhalten, dass mein Bauch zum „Tor" des Himmels wurde.

Auch die wahre Geschichte über Colton Burpo, nachzulesen im Buch „den Himmel gibt`s echt" vom Autor Todd Burpo, war mir eine grosse Hilfe bei der Verarbeitung von Giannas Tod. Ich hatte das Buch bereits gut vier Jahre zuvor gelesen, hatte aber die

Erzählung wieder vergessen. Nach der stillen Geburt machten mich eine Arbeitskollegin und ein befreundeter Priester wieder auf das Buch aufmerksam. Spoilerwarnung: Damit ich demjenigen Leser, welcher dieses Buch gerne auch lesen möchte, nicht die Spannung vorwegnehme, überspringen Sie doch den nächsten Absatz.

Colton hatte als Kleinkind eine schwere Operation. Während der Operation erlebte er eine Nahtoderfahrung und er konnte dem Himmel einen Besuch abstatten. Im Himmel traf er neben Jesus Christus und anderen zuvor Verstorbenen auch seine ältere Schwester. Sie lief auf ihn zu und umarmte ihn. Er fragte sie, wer sie sei, da er sie nicht erkannte. Seine Schwester erklärte ihm, dass sie vor ihm im Mutterleib verstorben sei. Diese Zeilen von der wahren Geschichte von Coltons Schwester gab mir ebenfalls die Hoffnung und die innere Gewissheit, dass Gianna im Himmel ist.

Dies zeigt auch der Auszug aus dem Psalmenvers 8.3, den gut ein halbes Jahr nach Giannas stiller Geburt meine Mutter als Trost für mich zitierte:

«Aus dem Mund der Kinder und Säuglinge schaffst du dir Lob, (…)»

Für uns war klar, dass unsere Gianna im Himmel sein muss. Ich stelle mir vor, wie Sie im Himmel, am Throne Gottes ist und mit vielen anderen Menschen Gott unaufhörlich die Ehre gibt.

Schon seit Jahrhunderten gibt es verschiedene Interpretationen der Bibel und einige Leser werden nun vielleicht denken: Diese Verse sind nur im übertragenen Sinn, symbolisch, zu verstehen und du darfst sie nicht isoliert vom Text und der geschrieben Zeit lesen. Das mag vielleicht sein, aber der Vers, so wie ich ihn verstehe und aktuell lese, gibt mir Kraft, Freude und Sinn im Leid, das ich erfahren habe. Und das ist gut so. Vielleicht hat Gott genau deshalb die Bibel durch so viele verschiedene Zeugen schreiben lassen, um einfach jede Person dieser Erde in irgendeinem Wort oder Vers zu stärken, zu berühren und zu erreichen?

4. Resilienz

All dies bringt mich zum Thema Resilienz. Resilienz war ebenso ein Thema während meiner Weiterbildung in Palliativ Care. In diesem Ausbildungszyklus hatten wir eine Psychologin und diplomierte Pflegefachfrau als Dozentin. Sie sprach während ihres Referates kurz das Thema Traumata an und dass es von grossem Nutzen sein könne, solche mit professioneller Hilfe aufzuarbeiten. Nach ihrem Referat ging ich zu ihr und fragte sie, wie denn ein Trauma zu definieren sei. Denn man könne doch etwas erlebt haben, was von Aussenstehenden als Trauma empfunden wird, von der betreffenden Person jedoch nicht als solches gesehen wird und diese nicht das Gefühl hat, ein Trauma speziell aufarbeiten zu müssen. Die Dozentin entgegnete mir, dass es auf die Resilienz der betreffenden Person ankäme. Das heisst, wie sie das Erlebte bewertet und welche Strategien sie entwickelt hat, um damit umzugehen und dem Erlebten Sinn zu geben. Sie fragte mich, ob ich ein bestimmtes Beispiel im Kopf hätte. So erzählte ich ihr meine Geschichte und dass mir auch

Ratschläge erteilt wurden, eine Therapie zu machen oder psychologische Hilfe anzunehmen, um diese Traumata aufzuarbeiten. Ich sagte auch, dass ich mich durch meinen lebendigen Glauben an Gott, die Beichte, die Gespräche mit geistlichen Begleitern und der Trauerbegleitung, die wir besucht haben, bis dahin genügend gestützt gefühlt habe. Sie bestärkte mich darin, dass es nicht unbedingt nötig sei, eine Therapie zu machen. Sie mache immer wieder die Erfahrung, dass gerade religiöse Menschen, die sich auf etwas Höheres stützen können, oft besser mit solch schwierigen Situationen umgehen können.

Definition Resilienz

Es gibt viele Bücher und jede Menge Artikel zum Thema der Resilienz und somit auch unterschiedliche Definitionen davon.

Resilienz kommt vom lateinischen Wort „resiliere", was auf Deutsch so viel heisst wie zurückspringen.

Duden.de beschreibt die Resilienz als: Psychische Widerstandskraft; Fähigkeit, schwierige Lebenssituationen ohne anhaltende Beeinträchtigung zu überstehen.

«Resiliente Menschen hingegen konzentrieren sich auf das, was sie wollen. Sie kämpfen niemals gegen das an, was ist. Im Gegenteil, sie öffnen die Tür, selbst für das, was noch schmerzhaft erscheint, und begegnen diesem auf Augenhöhe» (Priess, M., Dr. med., 2019).

In definiere Resilienz als eine innere Stärke, wie wir Herausforderungen oder schwierigen Ereignissen im Leben meistern und wie gestärkt wir danach auf unserem Lebensweg weiter gehen. Diese Widerstandskraft ist von der individuellen Prägung geformt, kann aber im Gegensatz zur Prägung weiterentwickelt und gestärkt werden – lebenslang. Wie man geprägt wurde, kann man sich nicht aussuchen. Aber dadurch, dass ich mir die Prägung bewusst werden lasse, kann ich die eigene Resilienz weiterentwickeln und beeinflussen. Ich selbst merke rückblickend, dass meine Resilienz sich in dem Moment verbesserte, als ich nach meiner zweiten Schwangerschaft merkte, dass mich doch psychologische Hilfe bei der Aufarbeitung von Giannas Tod weiterbringen kann. Und erst recht, als ich nach der frühen Fehlgeburt von Agniello mir von einer weiteren Psychologin Unterstützung holte. Meine Haltung zuvor war, dass meine eigenen Ressourcen ausreichen würden, dies alles zu verarbeiten und zu verstehen.

Ich habe die Erfahrung gemacht, dass die Aussenperspektive einer Psychologin mir beim Verarbeiten sehr geholfen hat. Ich wusste vor den Gesprächen nicht, ob ich wirklich all jene Dinge sehe, an welchen ich arbeiten kann oder mich bei der Heilung blockieren. Meine Grundeinstellung zu diesen Faktoren ist ebenfalls sehr wichtig. Sind sie eine Herausforderung oder ein Problem? Wie ist meine Haltung dazu: positiv oder negativ? Sehe ich ein halb volles oder ein halb leeres Glas und warum? Welches Glas möchte ich lieber sehen? Meine Widerstandskraft verbesserte sich, als ich lernte, auf das halb volle statt auf das halb leere Glas zu schauen und so die

Wunden als Herausforderung und nicht als Problem zu sehe.

Es gibt unzählige Bücher über Resilienz und die Wege aufzeigen, wie man sie stärken kann. Ich kann nur zusammenfassen, dass in meinem Fall die Gespräche mit den Psychologinnen sehr hilfreich waren und mich persönlich gestärkt haben.

Weitere Gedanken, die mir auf meinem Weg zur Heilung halfen, kommen vom Papst Franziskus, welche er im apostolischen Schreiben «PATRIS CORDE» anlässlich des 150. Jahrestages der Erhebung des heiligen Josef zum Schutzpatron der ganzen Kirche verfasste.

Papst Franziskus schreibt beim 4. Punkt «Vater im Annehmen»:

«(…)Oft geschehen in unserem Leben Dinge, deren Bedeutung wir nicht verstehen. Unsere erste Reaktion ist oft die Enttäuschung und des Widerstandes. Josef lässt seine Überlegungen beiseite, um dem Raum zu geben, was geschieht. Wie rätselhaft es ihm auch erscheinen mag, er nimmt es an, übernimmt Verantwortung dafür und versöhnt sich mit seiner eigenen Geschichte. Wenn wir uns nicht mit unserer Geschichte versöhnen, werden wir auch nicht in der Lage sein, den nächsten Schritt zu tun, denn dann bleiben wir immer eine Geisel unserer Erwartungen und der daraus resultierenden Enttäuschungen.»

Besonders angesprochen hat mich, dass wir uns mit unserer Geschichte versöhnen müssen, um im Leben weiter gehen zu können. Unter «versöhnen» verstehe ich, dass wir Ereignisse, wie Tod- und Frühgeburt oder andere einschneidende, belastende Erlebnisse, aufarbeiten, reflektieren und in unser Leben integrieren müssen. Tun wir dies nicht, so bleiben wir in dieser «offenen Wunde» stehen und die Verletzung bleibt frisch. Ist es doch auch so, dass körperliche Wunden durch gezielte Behandlungen und Pflege besser und schneller heilen. Ich habe auch als Pflegefachfrau oft erfahren, dass geeignete und regelmässige Narbenpflege hilft, dass später die Narbe weniger sichtbar ist und weniger schmerzt. Aber die Narbe bleibt. So ist es auch mit unserer Geschichte. Wenn wir uns mit ihr versöhnen, dann können wir uns im Leben weiterentwickeln und auch neue Wege gehen.

So ist es auch mit Gianna und Agniello, welche immer zu unserer Familie gehören werden. Die Narbe, dass sie nicht physisch da sind, wird bleiben, aber weiter heilen und immer weniger Schmerzen.

5. Unsere zweite Tochter

Mein Körper war durch die stille Geburt ziemlich durcheinandergeraten. Ich hatte unterschiedlich lange Zyklen, von sehr kurzen bis sehr langen war alles dabei. Haarausfall und Stimmungsschwankungen durch den veränderten Hormonhaushalt, Trauer um Gianna und ein unerfüllter Kinderwunsch begleiteten mich die ersten sieben Monate nach Giannas Geburt durch den Alltag, besser gesagt durch unseren Alltag. Ein weiteres Kind wäre einzigartig und würde Gianna nicht ersetzen. Die Trauer um Gianna war lange da und doch waren wir nach etwa drei Monaten sicher, dass wir weiterhin Kinder haben möchten und wir waren bereit, wieder schwanger zu werden.

Ich bemerkte auch im Umfeld, dass mir immer wieder auf den Bauch geschaut wurde. Auch wurde ich direkt angesprochen, ob ich wieder schwanger sei, selbst, als ich es noch nicht war.

Zu meiner eigenen Beruhigung sagte ich mir immer wieder, dass die Menschen mit mir mitbangen und hoffen. Doch es wäre nicht einfach alles wieder

„gut" für uns, wenn ich wieder schwanger werden würde. Gianna ist und bleibt unsere erste, geliebte Tochter und ist nicht mehr aus unserem Leben wegzudenken. Wir sind durch sie erstmals Eltern geworden und bleiben dies, auch wenn eine weitere Schwangerschaft nicht eintreten sollte.

Mein Mann war mir eine grosse Stütze beim Verarbeiten der stillen Geburt. Er hörte zu, hielt mich liebevoll aus und tröstete mich jedes Mal, wenn ich traurig war, weil schon wieder mein Zyklus neu von vorne begann. Mein Mann hatte mich auch ermutigt, eine neue Arbeitsstelle zu suchen. An den alten Arbeitsort konnte ich nicht zurück. Den Fragen und Blicken der Patienten und Mitarbeitern hätte ich nicht gerecht werden können. Es wäre zu belastend für mich gewesen, auf dieser Onkologie weiterzuarbeiten.

Im September 2020 trat ich dann eine neue Stelle an, nun im häuslichen Pflegedienst, der spitalexternen Pflege (Spitex).

Es war im Januar 2021 als meine neue Chefin mit einer Weiterbildungsidee auf mich zu kam. Es ging um Palliativ Care. Ich sollte mit ihr zusammen auch die Verantwortung über den Bereich Palliativ Care bei der Spitex übernehmen.

In den nächsten Tagen, als ich über diese Weitebildungsmöglichkeit nachdachte, sagte ich zu mir: Du kannst im Leben nicht einfach auf Kinder warten, die vielleicht gar nie kommen. Auch Claudio ermutigte mich, diese Weiterbildung zu machen. So stellte ich den Weiterbildungsantrag und meldete mich bei diesem Kurs an.

Kurz darauf, Anfang Februar 2021, bemerkte ich, dass ich wieder einen sehr langen Zyklus hatte, dachte mir aber nichts dabei. Ich wartete, doch meine Menstruation blieb aus und so bestätigte sich unsere Vermutung: unsere ersehnte zweite Schwangerschaft war eingetreten. Wir durften endlich unser zweites Kind erwarten! Mein Mann und ich freuten uns riesig.

Vor allem in den ersten Monaten kamen mir immer wieder Gedanken wie: Hoffentlich ist das Kindlein gesund, hoffentlich kann es auf die Welt kommen und atmen. Hoffnungen und Ängste, die wohl auch völlig normal sind. Eine meiner Mitturnerinnen im

Rückbildungsturnen bestätigte mir, während ihrer Nachfolgeschwangerschaft ähnliche Gedanken gehabt zu haben.

Nun versuchte ich, alle diese Ängste Gott abzugeben. Ich sagte dazu jeweils: Gott, du hast es in deiner Hand, Jesus Christus, ich vertraue auf Dich. Das ist wiederum das Einzige, was wir tun können. Gott vertrauen, dass er uns führt, egal, wie es weitergeht. Aber wir wussten, dass wir es schon unsagbar liebhaben und es auf seinem Lebensweg begleiten werden – egal, wie lange dieser sein mag.

Im April 2021 hatte mein Mann und ich in etwa folgendes Mittagsgespräch: «Eine meiner Cousinen hat per WhatsApp nachgefragt, wie es uns so gehe. Ich habe ihr eine Sprachnachricht gesandt und darin gesagt, dass wir wieder ein Kind erwarten. Sie schrieb unter anderem zurück, dass sie und ihr Mann sich sehr für uns freuen und „dass vor uns eine unvergessliche Zeit" stehe. Meine Gedanken dazu waren nur, dass doch die ganze Zeit um Giannas Geburt auch eine unvergessliche Zeit für mich war. Warum schreibt Sie mir wohl so etwas?»

Mein Mann entgegnete: «Betrachte es von der sachlichen Seite: Wie war es für Dich, als du deine Bachelorausbildung abgeschlossen hast?»

«Ja, das ist eine unvergessliche Zeit!», entgegnete ich. «Und als wir geheiratet haben», fragte Claudio weiter.

«Auch das war eine unvergessliche Zeit!», antwortete ich. Claudio schlussfolgerte:

«Nun, alle speziellen, tiefgehenden Ereignisse gehören doch zu speziellen Zeitspannen, welche man nie vergisst, so auch jede einzelne Geburt. Somit hat sie Recht, wir stehen vor einer unvergesslichen Zeit.»

Dies war wieder eine Situation, in welcher ich erkannte, wie ich aus der Emotion heraus etwas höre, aufnehme und danach handle. Ich bin geneigt, schnell auf dieser emotionalen Ebene zu hören, anstatt nur auf das wirklich Gesagte.

Gegen Ende der Schwangerschaft hatte unserer zweiten Tochter eine falsche Lage im Bauch und wir entschlossen uns zusammen mit den Ärzten für einen Kaiserschnitt. Sie kam dann im Oktober 2021

Gott sei Dank ganz gesund auf die Welt! Was für ein Wunder ist unsere Tochter, was für ein Wunder ist doch jedes Kind und jeder Mensch!

Wenn ich auf die letzten drei Jahre zurückblicke und wie unsere zweite Tochter sich entwickelt hat: Ein riesiges Wunder!

Vom neugeborenen, hilflosen Baby ist sie nun zu einem Kleinkind herangewachsen voller Ideen, Mut, Bewegungsdrang und Liebe! Bereits ist ihre Persönlichkeit sichtbar geworden und ich staune oft über sie.

Ich staune, wenn ich ihr beim Spielen und Klettern zusehe, wenn ich ihr beim Singen zuhöre, sie mir im Haushalt und beim Kochen hilft oder wenn ich sie beim Schlafen beobachte.

Ich und mein Mann haben unsere Tochter nicht „gemacht". Wir waren einfach offen für sie und haben ihr Zeit zum Wachsen gegeben. Auch da kommt mir wieder jene Bibelstelle in den Sinn, die ich schon erwähnt habe: « (…) Denn du hast mein Innerstes geschaffen, mich gewoben im Schoß meiner Mutter. Ich danke dir, dass du mich so wunderbar gestaltet hast. Ich weiß: Staunenswert sind deine Werke (…)» (Psalm 139.13-14).

Nach der Geburt unserer zweiten Tochter war dann für mich der Moment gekommen für eine Psychotherapie. Und zwar habe ich durch die Geburt unserer zweiten Tochter gemerkt, dass ich Giannas Totgeburt noch nicht vollständig verarbeitet hatte. Meine Hebamme meldete mich damals bei einer Psychologin an. Vier Sitzungen besuchte ich. In diesen Gesprächen machte die Psychologin nichts anderes, als mich im Gespräch zu spiegeln. Ich merkte, dass ich die beiden Geburten zu stark miteinander verband. Vor den Gesprächen mit der Psychologin dachte ich, es sei meine Schuld gewesen, dass unsere zweite, lebende Tochter per Kaiserschnitt auf die Welt kommen musste. Ich war durch die Totgeburt von Gianna vorbelastet, unbewusst habe ich ihr durch meine innere Aufregung suggeriert, dass sie sich viel bewegen müsse, damit ich nicht Angst bekomme, sie sei wie ihre Schwester gestorben. Dies könne sein, meinte die Psychologin, aber das spiele keine Rolle mehr. So halfen mir diese Sitzungen zum einen, die beiden ganz unterschiedlichen Geburten einzeln anzunehmen und nicht zu vergleichen oder zu vermischen. Zum anderen halfen sie auch, die Ängste, ich könnte etwas machen, was unserer zweiten Tochter schaden könnte, ernst zu nehmen und zugleich loszulassen.

6. Agniello

Kurz vor Fertigstellung dieses Buches muss (oder „darf") ich noch weitere, neue Kapitel hinzufügen. Im Januar 2023 durften wir uns wiederum über einen sehr langen Zyklus freuen und ich merkte und wusste, dass ich schwanger bin. Wir fanden es nicht nötig, einen Schwangerschaftstest zu machen, denn wir wussten ja, dass ich schwanger sein musste.

Knapp drei Wochen später sass ich wegen einer extrem starken, nicht erwarteten Menstruation notfallmässig im Wartezimmer der gynäkologischen Sprechstunde. Die Ärzte bestätigten mir durch die Blutuntersuchungen, dass ich ein stark erhöhtes Schwangerschaftshormon im Blut hatte und eine Fehlgeburt erlitt. Hätte ich zuvor einen Schwangerschaftstest gemacht, wäre dieser bestimmt positiv ausgefallen.

Diese frühe Fehlgeburt warf mich psychisch aus der Bahn. Sie war der Tropfen, der das Fass zum Überlaufen brachte. Ich war bereits mit unterschiedlichen Belastungen konfrontiert. Die Schwangerschaft hatte mir viel Freude und Hoffnung für die Zukunft geschenkt und half mir, den „Eisberg", der sich bald verändern würde, noch auszuhalten. Und dann konnte ich das Kind nicht behalten. Diese frühe Fehlgeburt löste bei mir eine Krise aus und unter anderem auch im Gespräch mit meinem Mann entschied ich, wieder psychologische Hilfe in Anspruch zu nehmen. Ich suchte mir aber eine neue Psychologin, da ich mich bei der Psychologin aus den ersten vier Sitzungen nicht sehr wohl gefühlt habe. Der Wechsel tat gut. Mir halfen die Gespräche, um die Dinge aus einer Vogelperspektive zu betrachten. Gewisse Situationen in meinem Leben bekamen eine andere Wertung und ich verstehe nun besser, warum ich in gewissen Situationen so reagiere. Durch meine Ausbildung zur Pflegefachfrau hatte ich diversen Unterricht über psychologische und kommunikative Modelle und wie sie anzuwenden sind. Aber diese dann konkret auf mich anzuwenden, empfand ich immer als sehr schwierig. In den Gesprächen mit der Psychologin konnte ich das besser umsetzen und kann nun in einigen Situation agieren statt zu reagieren. Solche Perspektivenwechsel mit Hilfe geschulten Fachpersonen sind

129

sehr wertvoll und gewinnbringend. Für mich sind solche Gespräche mit einer Psychologin auch eine Ergänzung zu Beichtgesprächen. In der Beichte kann ich meine Sünden und Fehler bekennen, loslassen, um Vergebung bitten und erhalte von Christus durch den Priester stellvertretend die Lossprechung. Im Gespräch mit der Psychologin gehe ich den Fehlern und Sünden auf den Grund. Ich hoffe, dass heute immer mehr Menschen bereit sind, sich auf solche Gespräche einzulassen. Noch in der Generation meiner Grosseltern war es eher verpönt zu Psychologen oder Psychiatern zu gehen. Oft wurde über jene Leute gespottet, die solche Hilfe in Anspruch nahmen. Ich habe da Sätze von früher im Kopf wie «die/der hat nicht mehr alle Tassen im Schrank» oder «da kam der gelbe Wagen und holte ihn/sie ab». Ich erhoffe mir da einen Paradigmenwechsel. Zeugt es doch von Stärke, wenn jemand Hilfe zulassen kann und an sich arbeitet, Reaktionsmuster betrachtet und reflektiert.

7. Unser viertes Kind

Nach Agniellos Verlust durften wir nach etwas mehr als vier Monaten wieder in Erwartung sein. Ich freute mich sehr. Bei der ersten Untersuchung sahen die Ärzte, dass sich das Kind in der Gebärmutter gut eingenistet hatte. Am 19. August 2023 hatten wir dann Ende des dritten Monats den ersten routinemäßigen Ultraschall im Spital in Sursee. Claudio und unsere Tochter begleiteten mich zum Untersuch. Die Ärztin fragte zu Beginn, ob wir den 1. Trimester Test haben möchten, ein Bluttest, der die Wahrscheinlichkeit errechnet, ob unser Kind an einer Trisomie erkrankt ist. Claudio und mir war wiederum klar, dass dieser Test keine Auswirkung auf den Entscheid haben würde, ob wir unser Kind haben möchten und wir lehnten ab.

Erst lief alles routinemässig ab. Doch als die Ärztin den Oberarzt dazuholte, weil sie das Nasenbein und das Gesicht via Ultraschall nicht gut darstellen konnte, fing ich an, etwas zu ahnen. Doch ich beruhigte mich innerlich. Der Oberarzt kam und sie machten gemeinsam nochmal die Ultraschalldarstellung des Gesichtes und dem Hals. Nach längerem Ultraschall eröffnete uns dann der Oberarzt, dass er uns leider keinen guten Bericht geben könne. Das Nasenbein sei nicht so stark ausgeprägt, aber was ihn noch mehr beunruhige sei die dicke Nackenfalte, welche Wasser aufweise. Diese verdickte Nackenfalte sei ein Hinweis auf eine Trisomie. Eine Trisomie 13, 16 oder vielleicht die Trisomie 18. Das Kind würde entweder eine Lebenserwartung von etwa 2 Jahren haben oder in den ersten Tagen oder Wochen sterben, da solche Gendefekte mit dem Leben nicht lange vereinbar sind. Von der bekannteren Trisomie 21 sprachen die Ärzte damals nicht. Für weitere Abklärungen müsse er uns ins nächst grössere Spital nach Luzern schicken. Wir sollten uns auch überlegen, ob wir unter diesen Voraussetzungen die Schwangerschaft weiterführen wollen. Da sagten wir sogleich, dass eine Abtreibung für uns sicher nicht in Frage komme.

Auf der Rückfahrt weinte ich. Claudio sagte, dass es für ihn sehr unangenehm sei, dass wir nun wieder vermehrte Kontrollen haben würden und dass ihn das an die ganze Geschichte mit Gianna erinnere. Aber nur weil die Ultraschalluntersuchung auffällig war, hiesse dies noch gar nichts, meinte er. In der ersten Nacht nach dem Untersuch konnte ich kaum schlafen.

Eineinhalb Wochen später sassen wir im Kantonsspital Luzern. Und auch diese Ärzte kamen auf denselben Befund. Einzig haben sie zum ersten Mal erwähnt, dass diese erweiterte Nackenfalte auch von ganz allein wieder zurückgehen könne.

2. September 2023: Ich habe „frei". Ein Wochenende nur für mich während Claudio auf unsere Tochter schaut. Zeit für mich und Gott. Ich habe mich am Freitagnachmittag nach Romont im Kanton Freiburg aufgemacht, um da in einem Kloster zu übernachten und das Wochenende auf den Spuren der heiligen Marguerite Bays zu verbringen. Heute Samstag bin ich ziemlich viel gewandert, habe gebetet und nachgedacht.

Was nützt es uns als Ehepaar, wenn wir nun jeden Monat solche Ultraschalluntersuchungen besuchen? Dem Kind nützen diese Erkenntnisse erst direkt vor der Geburt. Etwa, wenn die Geburtsplanung beginnt und man anhand den Ultraschallkontrollen entscheidet, dass ein Kaiserschnitt das Beste für Mutter und Kind wäre. Oder man sieht in der Untersuchung, dass das Kind direkt nach der Geburt von Kinderärzten entgegengenommen und behandelt werden muss.

Als ich aus Romont zurückkehrte, besprach ich dies mit meinem Mann und wir entschieden uns, den Ultraschalltermin vom vierten Monat abzusagen.

Im fünften Monat hatten wir dann den grossen Organultraschall. Dieser Ultraschall dauert erfahrungsgemäss lange. Kopf, Beine und Arme sowie die Hauptorgane sahen unauffällig aus, was uns sehr freute. Das Profil des Nackens und Gesichtes war nicht gut zu sehen, was immer noch auf ein Ödem hinweisen könne, teilte man uns mit. Was die Ärztin ausserdem sah, war ein zurückversetztes Kinn, eine verdickte Nackenfalte und ein kaum ausgeprägtes Nasenbein. Alles Hinweise auf eine Trisomie.

Ab da sollte ich öfters zur Ultraschalluntersuchung kommen, damit kontrolliert werden kann, ob das Kind gut wächst. So ging ich also vom fünften bis Ende siebten Monats etwa alle zwei Wochen in die Kontrolle. Meist ging ich alleine hin, während Freunde oder meine Eltern auf unserer Tochter schauten.

Ende des sechsten Schwangerschaftsmonats kam wieder ein ähnlicher Befund, wobei diesmal das Kinn besser zu sehen war, dafür das Nasenbein nicht. Und das Wachstum gerade der Knochen der Beine und Arme sei stark am unteren Limit. Ich dachte nur: «Ich und mein Mann sind ja auch nicht gerade die grössten Menschen, somit kann ja auch das ganz normal sein.» Denselben Befund erhielt ich auch am 15. Dezember 2023. Alles noch immer Hinweise auf eine Trisomie.

Ich besuchte zu dieser Zeit einen Geburtsvorberei-tungskurs. Ich war die einzige Teilnehmerin, welche schon ein Kind hat. Die anderen Frauen waren so-mit Erstgebärende und ich galt als Zweitgebärende.

Ich erzählte absichtlich nichts von Gianna und Agniello, weil ich mit meiner Erfahrung über die Tot- und Fehlgeburt den anderen Frauen keine Angst machen wollte. Ich war somit sehr froh, in diesem Kurs etwas Normalität zu erleben.

Am 27. Dezember 2023, Ende des siebten Schwangerschaftsmonat, war wiederum eine ausführlichere Kontrolle und auch mein Mann kam wieder mit. Wir erhielten dieselben Befunde wie zuvor und ich war froh, dass die Ärztin sagte, dass ich nun vier Wochen „Pause" von den ganzen Kontrollen hätte und nicht mehr kommen müsse. Andauernd in diese Schwangerschaftskontrollen zu gehen und zu hören, dass etwas nicht stimmt, war für mich sehr belastend. Auch hatte ich andauernd das Gefühl, ich müsse mich rechtfertigen, weshalb ich die Schwangerschaft weiterführe und nicht abtreibe. Ich bin überzeugt, dass die Ärzte sehr genau arbeiteten, uns ehrlich informierten und versuchten, korrekte Prognosen zu stellen, uns also bestmöglich zu betreuen. Doch diese Untersuchungen brachten mir nur Verunsicherung und Aufregung.

Was für Einschränkungen nun unser viertes Kind haben würde, wussten wir erst ab der Geburt im Frühling 2024. Zu diesem Zeitpunkt musste ich einfach vertrauen. Und wie mich mein Mann oft erinnerte: Wir sollten uns erst mit Problemen beschäftigen, wenn sie real da sind und gelöst werden müssen. Vorher ist es Zeitverschwendung. Wie recht er hat.

Als ich dann Ende Januar 2024 wieder im Spital zur Kontrolle war, sagte die Ärztin, dass das Wachstum soweit gut sei, aber dass die Durchblutung der Nabelschnur und Plazenta nicht optimal sei. Nun musste ich wieder wöchentlich für die Kontrolle ins Spital gehen.

Dass das Wachstum gut war und dass unser Kind die richtige Lage eingenommen hatte, stimmte mich freudig. Dass gegen Ende der Schwangerschaft die Durchblutung der Nabelschnur und Plazenta nicht mehr optimal war, beunruhigte mich damals nicht, da ich immer gut spürte, wie sich das Kind im Bauch bewegte. Und ich wollte mir ganz nach meinem Manne auch keine unnötigen Sorgen machen. Bei der nächsten Kontrolle eine Woche später war das

CTG zur Kontrolle der Herztöne und Bewegungen gut. Die Ärztin hatte auch die Durchblutung der Nabelschnur als gut befunden, aber die Durchblutung der Plazenta sei weiterhin nicht optimal und die Wachstumskurve des Kindes weiter abgeflacht. Sie meinte, es wäre von Vorteil die Geburt einzuleiten, bevor das Kind in eine Stresssituation wegen einer Unterversorgung durch die Plazenta komme. Die europäischen und internationalen Richtlinien geben vor, in unserem Fall die Geburt etwa zwei Wochen früher einzuleiten. Also gab sie mir einen weiteren Termin sechs Tage später, an dem dann die Geburt eingeleitet werden sollte.

So war ich dann an einem Dienstag im Februar wieder im LUKS Luzern und wir besprachen, dass ich noch in derselben Woche ins Spital zur Einleitung der Geburt kommen soll.

Am Tag der Einleitung brachten mein Mann und ich nachmittags unsere Tochter zu Freunden und gingen dann zusammen ins Spital, wo wir sogleich in ein Zimmer begleitet wurden.

Am späteren Nachmittag sollte dann die Geburtseinleitung mittels eines Katheters gestartet werden. Dieser Katheter wird vaginal eingeführt und löst Druck auf den Muttermund aus, um dem Körper das Signal zu geben, dass die Geburt losgehen soll. Zuvor musste allerdings nochmals die Lage des Kindes kontrolliert werden. Und prompt lag unser Kind plötzlich quer in meinem Bauch. Bei einer Querlage des Kindes ist die Einleitung der Geburt kontraindiziert – sollte also nicht vorgenommen werden. Zusammen mit den Ärzten entschlossen wir uns für eine «äussere Wendung» des Kindes. Dabei wird das Kind von aussen mit sanftem Druck dazu animiert, sich zu drehen. Allerdings setzt dieses Verfahren voraus, dass das gesamte Operationsteam notfalls abgerufen werden kann, wenn sich das Kind nicht drehte. Die äussere Wendung sollte am nächsten Tag stattfinden. So kamen wir am nächsten Morgen erneut ins Spital und zwei Ärztinnen drückten gezielt so auf meinem Bauch herum, dass unser Kind wieder mit dem Kopf nach unten im Bauch lag. Die Ärztinnen sagten mir, ich solle während der Wendung an etwas Schönes denken und mich ablenken. Während dieser Behandlung versuchte ich ganz normal zu atmen und stellte mir vor, ich sei soeben auf einer Bergspitze angekommen und könne die wunderschöne Aussicht geniessen und mich ausruhen. Dies half mir sehr gut. Die äussere Wendung fühlte sich an, als hätte ich eine sehr schwere Wassermelone im Bauch, welche einmal um die eigene Achse gedreht wird und mir dabei jeglichen Platz im Unterleib wegnimmt, der zuvor noch da war. Sie war unangenehm, aber nicht schmerzhaft für mich. Schliesslich drehte sich unser Kind in die korrekte Lage und die Geburtseinleitung mittels Katheter konnte gestartet werden. Nach einem weiteren Tag wurde mir dieser Katheter wieder entfernt, da er noch ungenügend die Geburt ausgelöst hatte und so wurde die Geburtseinleitung mittels Medikamente über die Venenkanüle fortgeführt. Während eines weiteren Tages hatte ich immer wieder auch starke Wehen. Seit der äusseren Wendung waren bereits 2 Tage vergangen und unser Kind lag immer noch im Bauch. Inzwischen wurde mir auch eine Periduralanästhesie (PDA) gesetzt, ein Katheter im Rücken, wie damals bei der Geburt von Gianna. Dieser Katheter sollte mir helfen, mich besser zu entspannen, damit der Muttermund weich werden und sich öffnen kann. Doch der Muttermund öffnete sich nicht. Die diensthabende Ärztin kam zu uns und sagte, dass ich ja bereits bei unserer zweiten Tochter einen Kaiserschnitt hatte und deshalb dürfe sie mir zur Sicherheit keine weiteren Medikamente verabreichen. Es bestünde sonst die Gefahr, dass die alte Kaiserschnittnarbe während der Geburt aufreissen könnte. Dies wäre äusserst gefährlich für mich und das ungeborene Kind. Damit seien nun bei mir alle geburtseinleitenden Medikamente ausgeschöpft. Nach allem, was ich schon mitgemacht hatte, war ich zwar sehr traurig, keine vaginale Geburt erleben zu können, war dann aber auch bereit, diesen Kaiserschnitt vornehmen zu lassen. Ich wusste, dass ich und das ganze Geburtshelferteam während den letzten beiden Tagen alles versucht hatten, damit ich natürlich hätte gebären können. Es sollte also aus irgendeinem Grund nicht so sein unddie Ärztin meldete mich für den Nachmittag desselben Tages für den Kaiserschnitt an.

Ich habe die Vorbereitungen sowie auch den operativen Eingriff als positiv in Erinnerung. Im Februar

2024 kam dann endlich unser Sohn per Kaiserschnitt auf die Welt.

Mein Mann war während des Kaiserschnitts dabei und konnte unseren Sohn zusammen mit den Kinderärzten in Empfang nehmen. Ich durfte einen kurzen Blick auf ihn werfen, aber er benötigte sogleich Atemunterstützung und wurde auf die Intensivstation gebracht. Claudio konnte ihn die ganze Zeit begleiten.

Als ich diesen kurzen Blick auf unseren Sohn werfen durfte, dachte ich schon, es könnte sein, dass er Trisomie 21, das Downsyndrom, hat. Dieser Verdacht bestätigte kurz darauf mein Mann sowie auch die Kinderärztin, welche nach dem Kaiserschnitt mit uns sprach. Später wurde dies auch durch ein Labor bestätigt.

Ich war erleichtert. Meine Gedanken waren: Es ist nur das Downsyndrom. Unser Kind hat eine Lebenserwartung von etwa 60 Jahren, das ist super. Hatte ich doch mit einer anderen Trisomie gerechnet, bei welcher die Kinder, wenn es hochkommt, etwa zwei Jahre leben!

Und dann lag ich da im Spital und musste sogleich an Valeria aus meiner Kindheit denken. Es war an einem Familiengeburtstagsfest und Valeria kam mit ihren Eltern Isolina und Alfons auch zu zu Besuch. Isolina, Alfons und Valeria waren frühere Nachbarn meiner Tante und meines Onkels. Sie waren immer bei solchen Familienfesten dabei und gehörten quasi zur Familie. Valeria hatte das Downsyndrom und auch das war irgendwie „normal". Das war Valeria, ihr Downsyndrom war eine Nebensache und nicht relevant für mich. Was ich vor allem in Erinnerung habe, war Valerias grosse Freude und Ehrlichkeit. Und Menschenfurcht, wie wir sie ab und zu haben, wenn wir uns überlegen, was das Gegenüber wohl gerade über uns denkt, schien Valeria nicht zu haben. So war Sie mir immer ein Vorbild. Und wenn ich so an sie zurückdenke, dann frage ich mich oft: Wer ist nun wirklich „behindert"? Wir scheinbar „Gesunden", die wir uns oft Sorgen machen und uns über Dinge aufregen, welche wir nicht ändern können, oder Menschen wie Valeria, welche sich weniger um solche Dinge sorgen und mit viel Freude

143

durchs Leben gehen? Wer hat nun wirklich eine Behinderung?

So lag ich also im Spital, unser Sohn mit Downsyndrom auf der Kinderintensivstation und ich in dank-
baren Gedanken bei Valeria und ihren Eltern, welche inzwischen verstorben sind. Ich glaube, gerade
dank diesen Begegnungen mit Valeria aus meiner
Kindheit, stellt für mich das Downsyndrom eine Herausforderung und Bereicherung, aber kein Problem
dar.

Wenn ich auf die erste Zeit mit unserem Sohn zurückblicke, kann ich das bekräftigen. Gut drei Monate seines ersten halben Lebensjahres hat er auf-
grund von Schwächen durch das Downsyndrom im
Spital verbracht. Aber er wirkt auf mich trotz all seiner vielen Leiden sehr gelassen, freudig und geduldig. Wenn ich ihn ansehe und er mich immer wieder
anlächelt, geht mein Herz in Freude auf! Er schenkt
uns Eltern, seiner Schwester und allen, die ihn ken-
nenlernen, durch sein Wesen so viel Liebe.

Ich möchte angehende Eltern ermutigen, wenn sie
wie wir in der frühen Schwangerschaft eine negative
Diagnose bekommen, trotzdem „Ja" zum Kind zu

sagen. Wir haben erlebt, was es heisst, wenn es schwierig wird, aber wir sehen umso deutlicher die positive Frucht der immensen Liebe, weil wir „Ja" zu unseren Kindern gesagt haben. Wir ermutigen diese Paare: Habt Vertrauen und ihr werdet die Kraft für jede Situation bekommen – da sind wir uns sicher.

8. Zum Titelbild

Das Titelbild und die Rückseite haben für mich eine mehrfache Bedeutung. Zum einen habe ich die Abbildung anhand Giannas Grabstein gezeichnet. Die Abbildung zeigt die heilige Familie. Jesus als Christkind trägt ein Herz in der Hand. Dies stellt für mich unsere Tochter dar, aber auch unser fehlgeborenes Kind Agniello.

Das dunkle Blau und helle Gelb habe ich entsprechend zum Bild verwendet, welches mein Mann und ich als Abschied für Gianna im Trauerkurs zusammen gestaltet haben.

Blau wählten wir, weil mit dem Glauben selbst das Dunkel nicht schwarz ist. Gelb steht für die Schönheit und das Licht des Himmels, wo wir auch hinwollen und Gianna und Agniello bereits sind.

9. Fazit

Ich schaue auf meine bisherige Lebensgeschichte zurück. Mein Fahrradunfall, die Begebenheit, wie Gott mir persönlich durch das „Adoray" auf meine Gebete geantwortet hat. Meine Gleitschirmnotlandung. Wie ich meinen Mann kennenlernte, die ganzen Erlebnisse mit unseren Kindern. Aber auch viele andere prägende, schöne sowie traurige Ereignisse, die ich hier nicht beschrieben habe. Gott war immer da. Er war von Anbeginn da, auch, als ich noch nicht denken oder mich für ihn oder gegen ihn entscheiden konnte. Er war da. Besonders in schwierigen Momenten. Insbesondere in der Zeit um die Totgeburt von Gianna. Ohne meine innere Gewissheit, dass Gott bei mir ist, hätte ich ihren Tod nicht so gut annehmen können. Ich hätte wohl ohne Gott und die verschiedenen Heiligen, die ich als Unterstützung anrief, anders reagiert, als beim Ultraschall im Spital Giannas Tod festgestellt wurde. Aber nun kann ich bereits trotz des jeweils traurigen Ausgangs mit Dankbarkeit auf unseren Weg mit Gianna und Agniello zurückblicken – dank unserem Glauben an Gott.

Gott ist da. Gott trägt mich durch jede schwierige Situation. Gott zeigt mir Menschen, die mir helfen können. Aber Gott lässt mir auch immer die Freiheit! Es liegt an mir, immer wieder „Ja" zu Gott zu sagen, mich ihm anzuvertrauen und mich von ihm führen zu lassen. Und zu Lieben – wie ich durch jene Frau in der Mensa erfahren durfte, die sagte, «Hauptsache das Kind ist gesund». Gesundheit ist nicht die Hauptsache, das weiss ich jetzt, die Hauptsache ist die Liebe. So wie Gott liebt. Die Liebe in jeder Situation zu leben. Und wenn ich auch darin immer wieder kläglich scheitere, dass ich dann aufstehe und erneut versuche, zu lieben. Diese Liebe zu leben und zu versuchen und das Bewusstsein, dass Gott da ist, nehme ich mit auf meinen weiteren Lebensweg.

Ich glaube weiter an Gott, weil ich für mich zutiefst weiss, dass Er existiert und unsere Lebenssituation einen Sinn hat (auch wenn ich diesen Sinn nicht sogleich immer sehe). Gott liebt mich und fängt mich immer wieder auf.

Für mich steht fest, dass in jeder Situation,

im Lieben der tiefste Sinn liegt.

Ich lade jene Menschen ein, die in ähnlichen oder noch schwierigeren Situationen sind, auch auf Gott zu vertrauen. Denn: Es lohnt sich! Fragen Sie sich, liebe Leserin, lieber Leser, wie das geht? Es ist ganz einfach: Beten Sie! Gehen Sie an einen stillen Ort und teilen Sie Gott mit, was Sie freut und was Sie bedrückt. Dann versuchen Sie hinzuhören. Und wenn Sie nicht sicher sind, ob es Ihn wirklich gibt, dann sagen Sie Ihm das. Zum Beispiel so: «Gott, ich weiss nicht, ob es Dich wirklich gibt. Aber wenn es Dich gibt, gib mir doch ein Zeichen». Gehen Sie mit offenem Herzen durchs Leben und sie werden das Zeichen – ihr persönliches Zeichen – leise und fein wahrnehmen!

Nein, das Leben ist nicht der Himmel. Aber die Schöpfung, unser eigenes Leben und die Natur ein kleiner Ausdruck und ein Vorgeschmack auf den Himmel. Und in diesem Himmel werde ich unsere Gianna und Agniello wieder sehen und in die Arme schliessen – da bin ich mir sicher.

10. Die letzten Zeilen

Für die letzten Zeilen in diesem Buch möchte ich gerne wieder Gott das Wort geben. Folgende Stelle aus der Bibel habe ich im Herbst 2023 im Gottesdienst gehört und ich fühlte mich umarmt und getröstet von Gott – unabhängig davon, wie unser Leben weitergeht. Mögen diese Zeilen von Paulus an die Thessalonicher uns allen immer wieder in der Trauer Trost spenden und den Blick auf den Himmel eröffnen!

«Die Hoffnung der Christen:

Brüder, wir wollen euch über die Verstorbenen nicht in Unkenntnis lassen, damit ihr nicht trauert wie die anderen, die keine Hoffnung haben. Wenn Jesus – und das ist unser Glaube – gestorben und auferstanden ist, dann wird Gott durch Jesus auch die Verstorbenen zusammen mit ihm zur Herrlichkeit führen. Denn dies sagten wir euch nach einem Wort des Herrn: Wir die Lebenden, die noch übrig sind, wenn der Herr kommt, werden den Verstorbenen nichts voraushaben. Denn der Herr selbst wird vom Himmel herabkommen, wenn der Befehl ergeht, der

Erzengel ruft und die Posaune Gottes erschallt. Zuerst werden die in Christus Verstorbenen auferstehen; dann werden wir, die Lebenden, die noch übrig sind, zugleich mit ihnen auf den Wolken in die Luft entrückt, dem Herrn entgegen. Dann werden wir immer beim Herrn sein. Tröstet also einander mit diesen Worten!»

1. Thessalonicher 4.13-18

Abkürzungsverzeichnis

ESM = Emmanuel School of Mission

USZ = Universitätsspital Zürich (USZ)

LUKS = Luzerner Kantonsspital

CTG = Kardiotokographie/ Kardiotokogramm

BfS = Bundesamt für Statistik

Kispi = Kinderspital

Bildnachweise

Titelseite sowie die Rückseite: gezeichnet von Caroline Isabelle Merlo- Hüsler 2021.

Hintergrund: gemalt von Caroline Isabelle Merlo-Hüsler 2023

Alle anderen Fotografien wurden privat aufgenommen von Caroline oder Claudio Merlo.

© Caroline Isabelle Merlo-Hüsler

Literatur- und Quellennachweise

DIE HEILIGE SCHRIFT, (2006)
Einheitsübersetzung. (11. Auflage) © 1981, Verlag Katholisches Bibelwek GmBH, Stuttgart.

Priess, M., Dr. med. (2019). Resilienz. So entwickeln Sie Widerstandskraft & innere Stärke. Von der Expertin für Burn-Out & Prävention. (3.Auflage) Goldmann.

Müller, M. (2018). Dem Sterben Leben geben. Die Begleitung sterbender und trauender Menschen als spiritueller Weg (1. Auflage der überarbeiteten und ergänzten Neuausgabe 2004)

Don Isenegger, P. (2016). Primary Bätbüechli.

Schärer-Santschi, E. (2012) Palliativ CH, Zeitschrift der Schweiz. Gesellschaft für Palliative Medizin, Pflege und Begleitung. Nr. 2-2013

Beschreibung Gruppe Adoray: *https://www.ado-ray.ch/ueber-uns/* abgerufen am 18.11.2023

Resilienz Definition: *www.duden.de/suchen/duden-online/Resilienz* , abgerufen am 02.11.2022

Tabelle über Tot- und Fehlgeburten © Bundesamt für Statistik auf folgender Internetseite zuletzt abgerufen am 22.12.23: https://www.bfs.admin.ch/bfs/de/home/statistiken/gesundheit/gesundheitszustand/sterblichkeittodesursachen/saeuglings-totgeburten.html. „Open by ask": die Einwilligung vom BfS vom 06.12.22 zur Veröffentlichung dieser Informationen und der Tabelle des BfS kann bei der Autorin eingesehen werden.

Apostolisches Schreiben «Patris Corde», des Heiligen Vaters Papst Franziskus anlässlich des 150. Jahrestages der Erhebung des heiligen Josef zum Schutzpatron der ganzen Kirche: https://www.vatican.va/content/francesco/de/events/event.dir.html/content/vaticanevents/de/2020/12/8/letteraapostolica-patriscorde.html
Zuletzt abgerufen am 28.12.2023

Literaturtipp

Die folgende Literatur habe ich in diesem Buch erwähnt oder daraus zitiert und kann ich sehr weiterempfehlen:

Die Bibel/die Heilige Schrift. Eine aktuelle Einheitsübersetzung vom Jahr 2016.

Burpo, T. & Vincent. Den Himmel gibt`s echt. Die erstaunlichen
Erlebnisse eines Jungen zwischen Leben und Tod. (19. Auflage 2019 © der deutschen Ausgabe 2011 SCM in der SCM Verlagsgruppe GmbH, 71088 Holzgerlingen.

Müller, M. (2018). Dem Sterben Leben geben. Die Begleitung sterbender und trauender Menschen als spiritueller Weg (1. Auflage der überarbeiteten und ergänzten Neuausgabe 2004)

Werner Durer (Hrsg.) (2008). Siegeszug der wunderbaren Medaille. (10. Auflage) Miriam-Verlag, D 79798 Jestetten

Troisi, S. & Paccini, C., (2019). Geboren, um nie mehr zu sterben.

Chiara Corbella Petrillo. (1.Auflage). Deutsche Übersetzung © CanisiEdition Schweiz

Folgende Vereine und Internetseiten können verwaisten und trauernden Eltern eine Hilfe sein:

Verein Kindsverlust:

    http://www.kindsverlust.ch/

Verein Regenbogen Schweiz:

    http://www.verein-regenbogen.ch

Verein Herzensbilder:

    http://www.herzensbilder.ch/de/

http://www.engelskinder.ch/